Gerhard Hörner

Professionelles Speed Reading

Gerhard Hörner

Professionelles Speed Reading

mvg

Die Deutsche Bibliothek - CIP-Einheitsaufnahme

Hörner, Gerhard
Professionelles Speed Reading / Gerhard Hörner. -
Landsberg am Lech : mvg, 2001
(Workline)
ISBN 3-478-86015-6

Umschlaggestaltung: mi, Guido Naggert
Satz: Fotosatz H. Buck, Kumhausen
Druck- und Bindearbeiten: Himmer GmbH, Augsburg
Printed in Germany 86015/801502
ISBN 3-478-86015-6

Inhalt

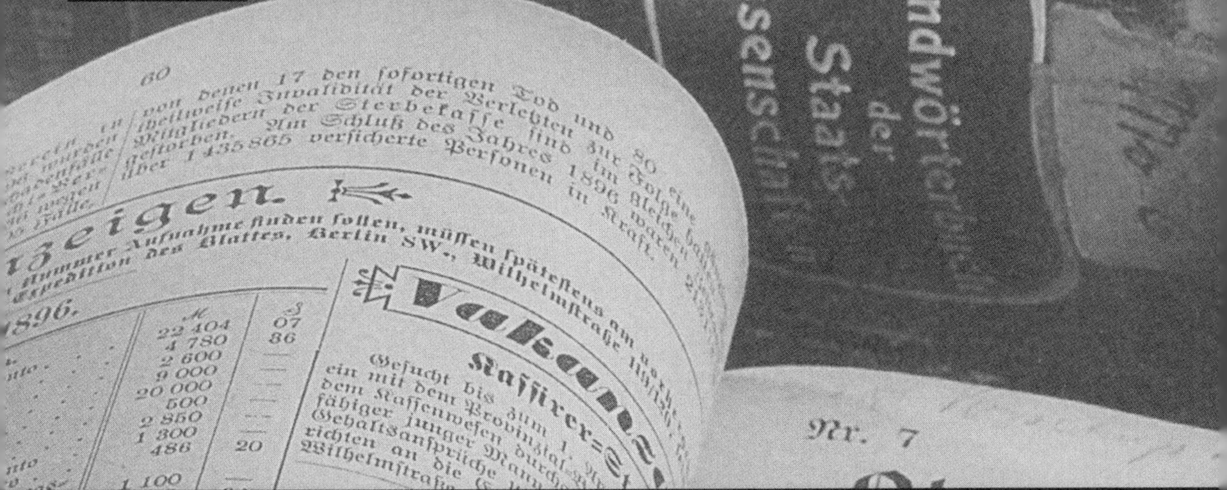

Wie und wann lesen Sie?

Wie verarbeiten Sie Informationen?

Wie behalten Sie den Überblick?

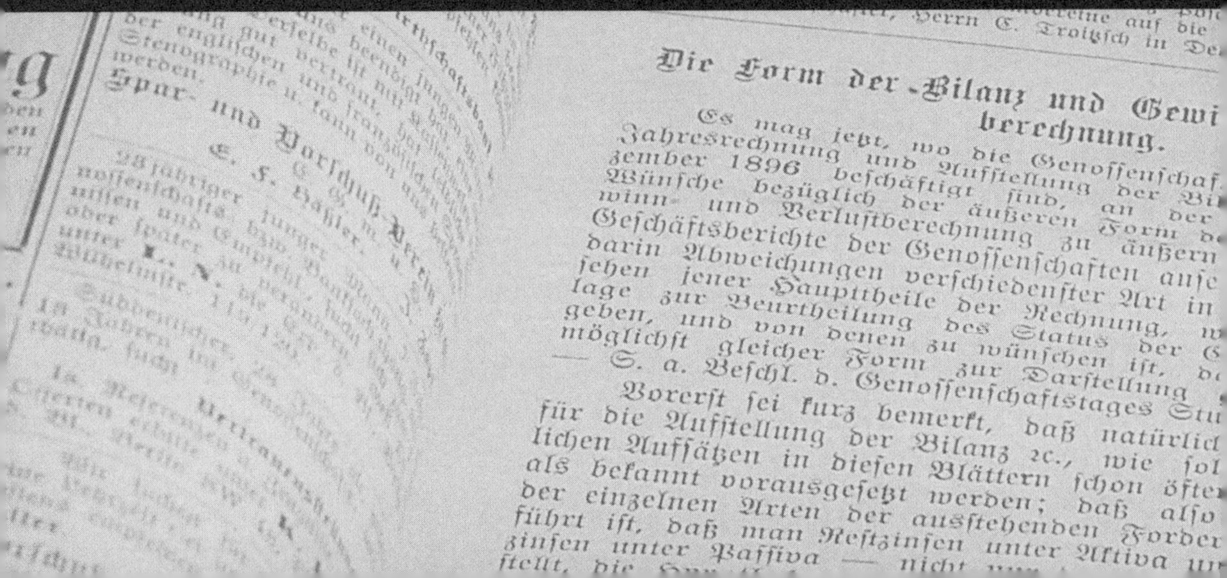

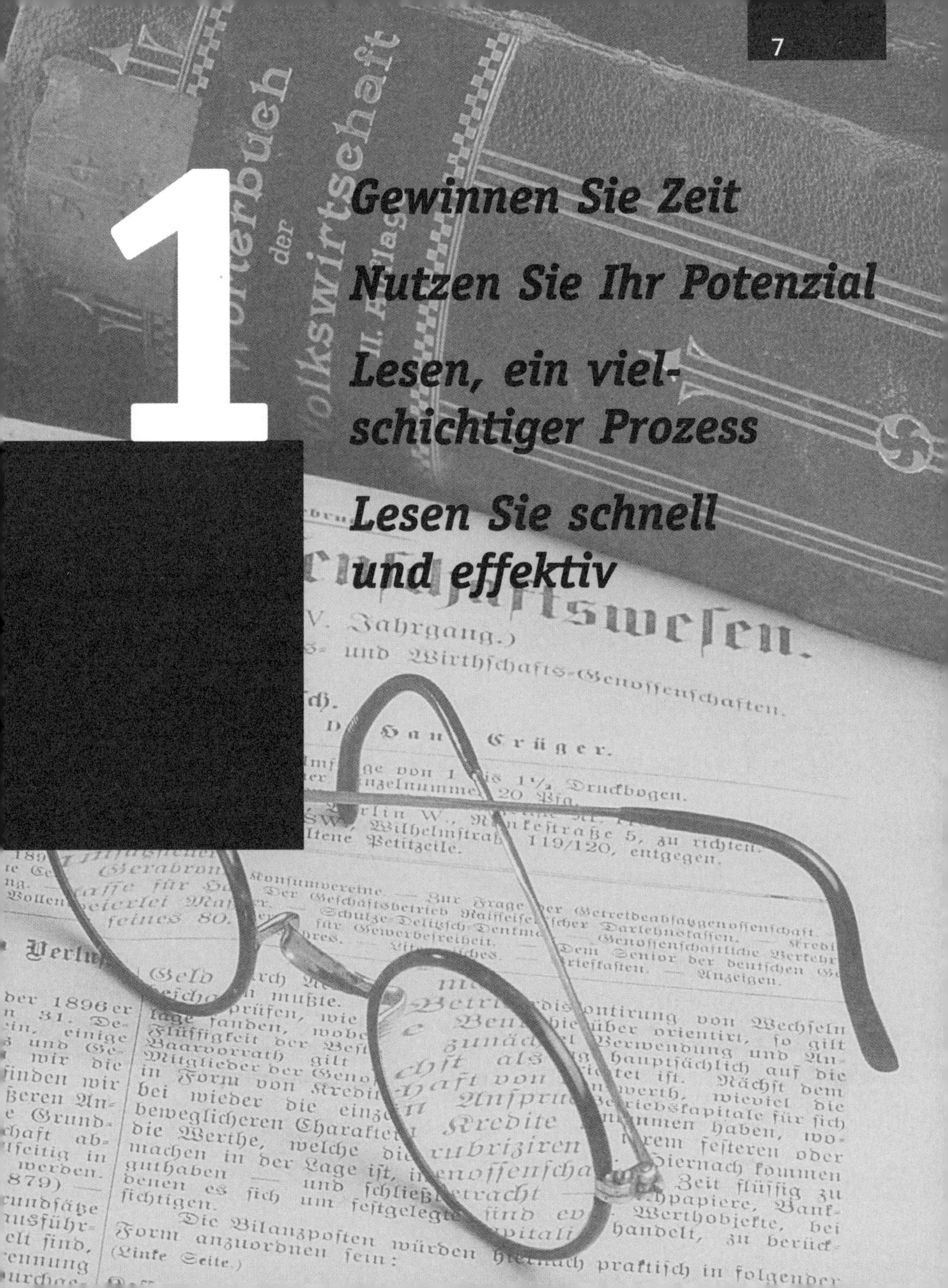

1

Gewinnen Sie Zeit

Nutzen Sie Ihr Potenzial

Lesen, ein vielschichtiger Prozess

Lesen Sie schnell und effektiv

Warum professionelles Lesen heute wichtiger ist denn je

Sorgt die ständig steigende Informationsflut auch bei Ihnen für überquellende Schreibtische?

Für ständige Zeitnot?

Für Frust?

War es vor 250 Jahren einem halbwegs gebildeten Menschen noch möglich, das komplette Wissensspektrum zu überschauen, stellt dies heute selbst für das größte Genie eine Aufgabe wie die Quadratur des Kreises dar. Unlösbar! Deshalb sollten Sie sich auch gar nicht daran versuchen.
Bildung und Ausbildung gehören zwar nach wie vor zu den entscheidenden Voraussetzungen für den beruflichen und privaten Erfolg. Und auch über 550 Jahre nach Johannes von Gutenberg, der mit der Erfindung des Buchdrucks die Voraussetzungen für den allgemeinen Informationszugang schuf, gilt nach wie vor das Sprichwort »Wissen ist Macht«.

Die Suche nach Antworten auf neue Fragen

Doch noch viel wichtiger als das Anhäufen und Speichern von Wissen sind in der modernen Informationsgesellschaft die Antworten auf andere Fragen geworden:

- Wie behalte ich den Überblick bei der Fülle von Informationen?
- Wie wähle ich Informationen möglichst gezielt und möglichst schnell aus?
- Wie unterscheide ich zwischen wichtiger und unwichtiger Information?
- Wie stelle ich aus diversen Informationen Verbindungen zwischen völlig unabhängigen Sachgebieten und unterschiedlichen Wissenschaftsbereichen her?

Der Informationsfluss, eine reißende Flut

Auf diese Fragen Antworten zu finden, gleicht einer echten Kunst. Denn durch die enorme Zunahme der Druckerzeugnisse ist der Informationsfluss zu einer reißenden Flut angewachsen. Gab es 1865 weltweit nur hundert wissenschaftliche Zeitschriften, so ist deren Zahl heute auf weit über 100 000 angestiegen. Pro Jahr erscheint etwa eine Million wissenschaftlicher Veröffentlichungen, der Bücherberg wächst und wächst.
Was gestern noch hochaktuell erschien, ist heute schon längst wieder total veraltet, besonders in Bereichen wie Elektronik und Informationstechnologie. Hinzu kam die Revolution durchs Internet: Neue Erkenntnisse werden in Sekundenschnelle über die ganze Welt verbreitet und sind jedem zugänglich.
Ein weiterer Punkt ist die immer stärker zunehmende Komplexität. Vereinfacht ausgedrückt heißt das: Wer A sagt, muss auch B sagen. Beispiele: Wer die ökonomischen Probleme lösen will, muss auch

deren Auswirkungen auf die Ökologie kennen. Wer gesellschaftliche Ursachen erforschen möchte, muss über psychologisches Grundwissen verfügen. Wer an einem vereinigten Europa bastelt, muss die unterschiedlichen Faktoren der einzelnen Länder in seine Überlegungen miteinbeziehen.
Kein Wunder, dass viele Zeitgenossen diesen Herausforderungen verbunden mit der rasch zunehmenden Informationsflut zunehmend hilflos gegenüber stehen. Doch eine Kapitulation vor diesen Dingen hätte böse Folgen: Sie könnten bei vielen Themen nicht mehr mitreden, würden komplett den Anschluss verlieren und ständen über kurz oder lang beruflich wie privat total im Abseits.

Lesen: Voraussetzung für den Eintritt ins Internet

Deshalb bleibt Ihnen keine andere Wahl: Sie müssen am Ball bleiben! Aber das schaffen Sie nur, wenn Sie der Vielzahl an Informationen Herr werden, sie kritisch verarbeiten und neue Erkenntnisse daraus ziehen. Doch das wiederum gelingt Ihnen nur dann, wenn Sie so viel wie möglich lesen: Bücher, Zeitungen, Zeitschriften, Internetseiten,...
Ja, auch am Bildschirm. Denn Lesen und Computer schließen sich nicht aus. Im Gegenteil. Die von den Technik-Freaks bereits totgesagte gute alte Lesekultur ist sogar eine wesentliche Voraussetzung für den Eintritt ins Internet.

Herkömmliche Lesemethoden reichen nicht aus

Aber zur Bewältigung der täglich steigenden Informatiosmengen reicht das Lesen, wie wir es in der Schule gelernt haben, natürlich bei weitem nicht mehr aus.
Was also tun? Trainieren Sie Speed Reading, eine professionelle und neue Art des Lesens: Mit dieser Methode werden auch Sie innerhalb kürzester Zeit bisher ungeahnte Informationsmengen aufnehmen und verarbeiten können – und gleichzeitig mehr Zeit für andere wichtige Dinge des Lebens haben.

Lesers Leid, Lesers Freud

Kennen Sie das Potenzial Ihrer Augen?

Wussten Sie, dass der Mensch auch im Multimedia-Zeitalter den größten Teil seines Wissens, nämlich 85 Prozent, übers Lesen aufnimmt?

Szenario eins: Des Lesers Leid

Der alltägliche Frust. In Ihrem Büro stapeln sich Berge ungeöffneter Zeitungen, Zeitschriften, Handbücher, Protokolle... Wie und wann sollen Sie all dieses Zeug jemals lesen? Schließlich ist Ihr Terminkalender randvoll: Kundengespräche, interne Besprechungen, Telefonate,...
Also kümmern Sie sich nur um das Allernotwendigste, öffnen die aktuelle Post – und legen den Rest des Papierstapels beiseite. Mit schlechtem Gewissen. Denn vielleicht enthält ausgerechnet das Ungelesene wichtige Informationen oder neue Ideen, die Sie nicht nur vor einem Fehler bewahren könnten, sondern vielleicht entscheidend dazu beitragen, dass sie Karriere machen. Doch aufgeschoben, so besänftigen Sie Ihr Gewissen, ist nicht aufgehoben. Aber der Stapel an ungelesenem Material wächst von Tag zu Tag, ebenso wie Ihr Frust.

Szenario zwei: Des Lesers Freud

Schwuppdiwupp, wie von Zauberhand sind sämtliche Stapel verschwunden. Aber nicht wie früher in der Schublade. Seit Sie professionelles Speed Reading gelernt haben und beherrschen, ist Lesen für Sie eine richtige Lust geworden. Die wichtigen Informationen aus mehreren Tageszeitungen eignen Sie sich im Handumdrehen an. Selbst das Studium schwieriger technischer Schriftstücke, für das Sie früher Stunden brauchten, dauert heute nur noch 15 Minuten. In null Komma nichts haben Sie die wesentlichen Inhalte erfasst.
Doch Speed Reading hilft Ihnen nicht nur im Beruf, sondern wirkt sich auch äußerst positiv auf Ihr Privatleben aus. Endlich können Sie mal wieder rein zu Ihrem Vergnügen lesen. Völlig mühelos und entspannt.
Endlich besitzen Sie wieder Zeit. Für Ihre Familie, für Hobbys – und fürs süße Nichtstun.

Geschichte des Speed Reading

Die Geschichte des Speed Reading begann nicht etwa, wie man meinen könnte, in den Universitätssälen, sondern im Ersten Weltkrieg. Damals fand die britische Royal Air Force heraus, dass manche Piloten verschiedene feindliche Flugzeugtypen aus entsprechender Entfernung nicht unterscheiden konnten.

Aus diesem Grund entwickelten einige findige Strategen das Tachistoskop: eine Art Diaprojektor, der Bilder in unterschiedlich kurzen Zeitabständen an eine Wand wirft.

Ausgehend von einem großen Foto wurden dabei nach und nach Projektionsdauer verringert sowie Format und Blickwinkel reduziert und verändert. Und siehe da, nach einiger Übung waren die Piloten in der Lage, innerhalb einer Fünfhundertstelsekunde diverse Flugzeugtypen zu identifizieren.

Das heißt, das menschliche Auge kann mit unglaublicher Geschwindigkeit Informationen erfassen. Diese Erkenntnis wurde nach dem Ersten Weltkrieg auch bei Schnell-Lesekursen eingesetzt. Mit Erfolg: Innerhalb einer Fünfhundertstelsekunde konnten die Teilnehmer vier an die Wand projezierte Wörter lesen. Folge: Die einzelnen Personen steigerten ihre Lesegeschwindigkeit von durchschnittlich 200 auf 400 Wörter pro Minute, was dem Unterschied zwischen einem Grundschüler und einem Akademiker entspricht. Allerdings ließen die Tachistoskop-Trainer dabei ein gewaltiges Potenzial ungenutzt. Denn wenn das Auge innerhalb von einer Fünfhundertstelsekunde ein Wort erkennt, kann es in einer Minute theoretisch 30 000 Wörter (!) erfassen.

Zudem hatten die erhöhten Leistungen während des Kurses mehr mit der hohen Motivation der Schüler als mit der Tachistoskop-Methode zu tun. Folglich sank die Lesegeschwindigkeit der Teilnehmer danach wieder aufs Ursprungsniveau.

Erst anfangs der sechziger Jahre entdeckten Forscher, zu welch außergewöhnlichen Leistungen der Mensch wirklich fähig ist: Nicht nur die Augen können durch entsprechendes Training auf blitzschnelle Bewegungen geschult werden, sondern auch das Gehirn ist in der Lage, mehr als 400 Wörter pro Minute zu behalten. In »dynamischen Leseschulen« wurden Gschwindigkeiten von 1000, von besonders trainierten Leuten sogar bis zu 3850 Wörtern pro Minute erreicht.

Hitliste prominenter Hochgeschwindigkeitsleser

Antonio di Marco Magliabechi

Eine unglaubliche Geschichte, die bei einem Florentiner Obsthändler begann: Dort versuchte Lehrling Magliabechi (1633–1714), der nie zuvor eine Schule besucht hatte, die alten Zeitungen zu entziffern, die zum Einpacken der Lebensmittel verwendet wurden. Dieses Interesse fiel einem Stammkunden, dem örtlichen Buchhändler, auf. Er nahm Antonio mit in sein Geschäft und lehrte ihn richtig Lesen. Mit phänomenalem Erfolg: Bald war Magliabechi wegen seines Schnell-Lesens und seines Gedächtnisses stadtbekannt. Und bestand sogar einen äußerst schwierigen Test: Zur Verwunderung eines Skeptikers schrieb Magliabechi den kompletten Text eines umfangreichen Manuskripts, das er nur einen Augenblick überflogen hatte, exakt bis aufs Komma nieder. Nicht nur das. Er hatte sämtliche Bücher, die er jemals gelesen hatte, im Kopf und zitierte wörtlich aus ihnen.

John Stuart Mill

Britischer Philosoph und Nationalökonom (1806–1873). Belegt auf der Hitliste der größten Genies aller Zeiten Rang 90. Mills Vater, ein College-Professor, stellte an seinen Sohn schon als Junge hohe Anforderungen: Er gab John Stuart ein Buch, sagte ihm, er solle kurz in ein anderes Zimmer gehen und es dort lesen, um anschließend darüber zu reden. Für Mill junior offenbar eine gewaltige Motivation. Später wurde ihm nachgesagt, dass er Bücher regelrecht verschlungen habe, indem er ganze Seiten auf einen Blick aufnahm.

Franklin D. Roosevelt

Verbesserte seine ursprünglich durchschnittliche Lesegeschwindigkeit durch Erhöhung der Fixierungsspanne seiner Augen von vier auf acht Wörter. Damit las der amerikanische Präsident (1933–1945) ganze Absätze auf einen Blick und pro Sitzung regelmäßig ein Buch.

C. Lowell Lees

In den fünfziger Jahren Vorsitzender der Abteilung Sprachwissenschaft an der Universität Utah. Mit einer Geschwindigkeit von bis zu 2500 Wörtern pro Minute las Professor Lees umfangreiche Semesterarbeiten innerhalb von zehn Minuten. Und wusste hinterher über alle Details Bescheid, bis hin zu Formfehlern. Das verblüffte seine Studentin Evelyn Wood so sehr, dass sie Speed Reading-Forscherin wurde und später ihre eigene »Dynamische Leseschule« gründete.

John F. Kennedy

Wahrscheinlich der bekannteste Schnellleser. Kein Wunder, stellte der amerikanische Präsident (1960–1963) doch sein Licht niemals unter den Scheffel. Im Gegenteil. In seinen Reden sprach er gerne und oft von seiner Intelligenz und seinem geistigen Potenzial. Dazu gehörte auch das Lesen, worin Kennedy eine rasante Geschwindigkeit entwickelte. Durch das Studium des Speed Reading steigerte er sein Lesetempo um mehr als das Vierfache: von 284 auf 1200 Wörter pro Minute.

Sean Adam

Die Geschichte dieses Amerikaners beweist, was mit Engagment möglich ist: Trotz schwerer Sehprobleme als Kind stellte Adam später sogar einen Weltrekord im Speed Reading auf: 3850 Wörter pro Minute!

Eugenia Alexeyenko

Ein scheinbar ganz normales russisches Mädchen – bis Vater Alexeyenko zufällig die phantastischen Fähigkeiten seiner Tochter entdeckte. Folge: Eugenia wurde, wie Dominic O'Brien in seinem Buch »How to Pass Exams« erzählt, zu einem Objekt der Forscherbegierde. Wissenschaftler des Gehirnforschungszentrums Kiew entwickelten einen speziellen Test für das 18-jährige Mädchen: Isoliert von der Außenwelt wurden ihr brandneue politische und literarische Texte vorgelegt, gespickt mit wissenschaflichen und technischen Informationen. Doch siehe da, Eugenia las nicht nur in einem atemberaubenden Tempo (1390 Wörter in 0,2 Sekunden), sondern stand hinterher auch Rede und Antwort. »Wir befragten sie im Detail«, berichtete ein Forscher, »und sie gab Antworten, die bewiesen, dass sie das Gelesene genau verstanden hatte.«

Was wissen Sie über Ihre Augen?

Wie schnell können Sie lesen?

Wie gut ist Ihr Verständnis?

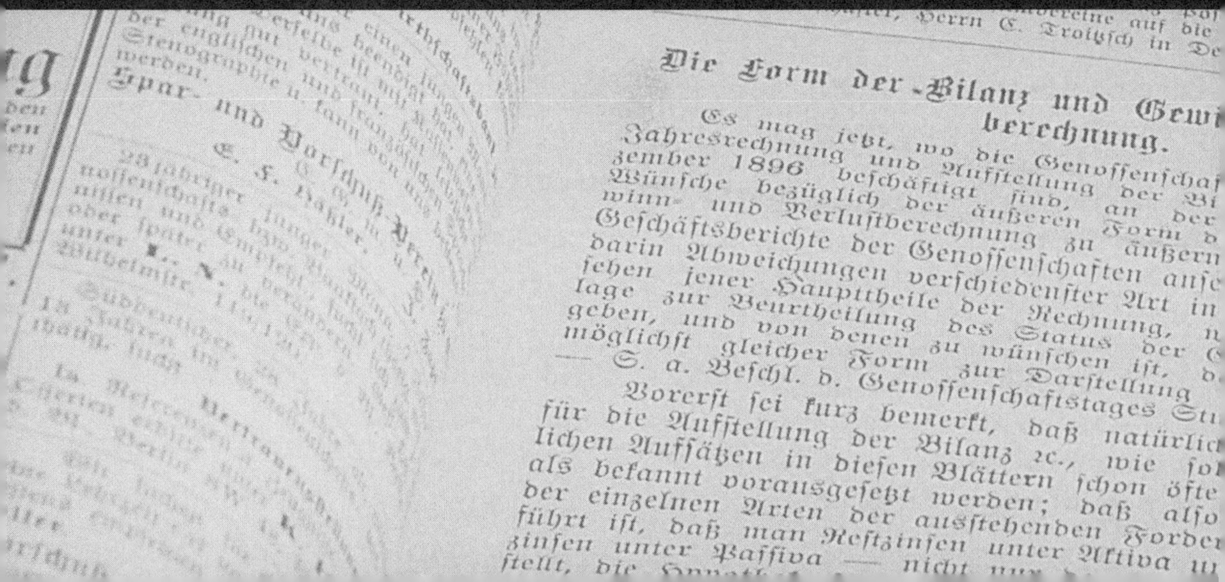

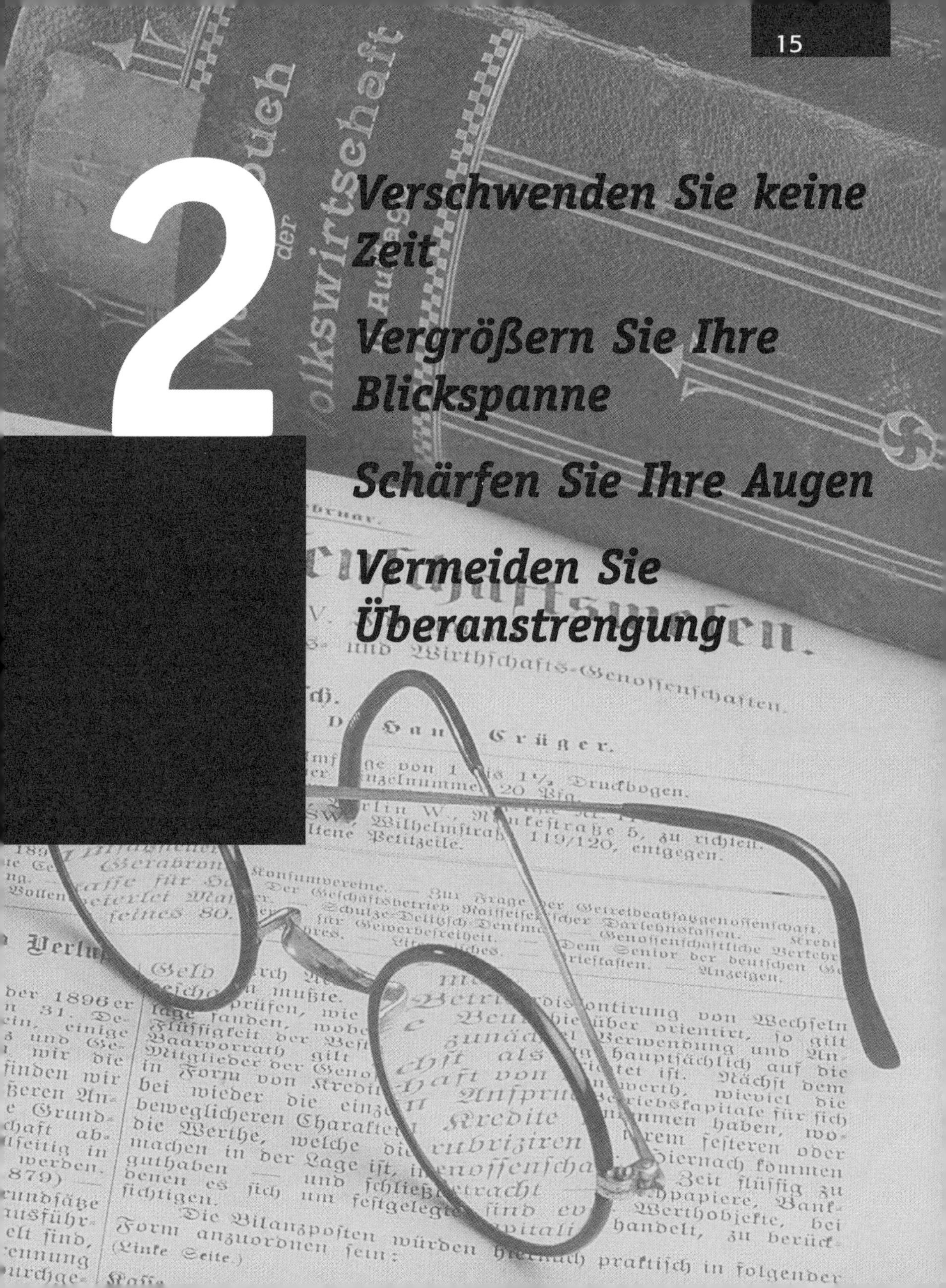

2

Verschwenden Sie keine Zeit

Vergrößern Sie Ihre Blickspanne

Schärfen Sie Ihre Augen

Vermeiden Sie Überanstrengung

Ihre wunderbaren Augen

Nutzen Sie das Potenzial Ihrer Augen und Ihres Gehirns:

Versuchen Sie Ihre Fixierungszeit von einer auf eine halbe Sekunde zu reduzieren,

Zurückspringen und Regressionen zu vermeiden.

Denn je schneller Sie lesen, desto besser ist Ihr Verständnis!

Die Augen sind das mit Abstand wichtigste Sinnesorgan des Menschen: ein wahres Wunder des Universums – und Ihr persönlicher Schlüssel zur Welt. Wenn Sie dieses Instrument der Natur richtig verstehen, können Sie es kontrollieren und zu Ihrem Vorteil einsetzen. Auch beim Lesen.

Langsame und schnelle Leser

Beim Lesen bewegen sich die Augen nicht fließend über eine Seite, sondern machen immer wieder Sprünge: Bewegung, Stopp, Bewegung, Stopp, ...
Diese Fixierungszeit liegt zwischen 0,25 und 1,5 Sekunden, je nachdem wie gut oder schlecht Sie lesen. Weitere Pausen entstehen, durch Zurückspringen (Wörter aus Gewohnheit doppelt lesen) oder Regression (zurückgehen, weil Sie glauben, etwas nicht verstanden zu haben). Wenn Sie pro Zeile zweimal zurückspringen (jeweils eine Sekunde), verschwenden Sie pro Seite rund 80 Sekunden, bei einem Buch von 300 Seiten also sechs Stunden und 40 Minuten wertvoller Zeit.
Und haben meist nicht allzu viel kapiert. Denn Forscher fanden heraus: Je höher das Lesetempo, desto besser das Verständnis.

WUSSTEN SIE, DASS IHRE AUGEN ...

... aus jeweils 130 Millionen Lichtempfängern bestehen, von denen jeder pro Sekunde mindestens fünf Lichtenergiebündel aufnimmt?
... zwischen über zehn Millionen verschiedenen Farben unterscheiden können?
... eine Szene, die Milliarden von Informationsteilchen enthält, in weniger als einer Sekunde mit höchster fotografischer Genauigkeit dekodieren können?
... einen Wert von rund 147 Millionen Mark besitzen? So viel Geld würde nämlich nach Schätzungen von Experten eine Maschine kosten, die zu ähnlichen Leistungen fähig wäre wie Ihre Augen.
... nicht nur auf Licht reagieren, sondern auch auf Ihre Gefühle? Findige Händler nutzen dieses Wissen: Während sie ihre Waren vorführen, beobachten sie genau die Pupillen des Kunden. Erweitern sich die Pupillen, ist dies für den cleveren Händler ein eindeutiges Indiz, dass der Käufer stark an dem Objekt interessiert ist und er deshalb auch einen höheren Preis akzeptieren wird.

So trainieren Sie Ihre Augen

Übung 1
Blicken Sie flott, aber ohne jede Anstrengung, zehnmal vom linken Augenwinkel zum rechten und umgekehrt, ohne dass Sie dabei den Kopf bewegen.

Übung 2
Führen Sie zehnmal folgende Augenbewegungen aus: Vom linken Augenwinkel in Richtung Stirn, zum rechten Augenwinkel und dann in Richtung Nasenspitze.

Übung 3
Zeichnen Sie in raschen Augenbewegungen, aber ohne Anstrengung, die Form Ihrer Augen nach, zunächst im Uhrzeigersinne, dann entgegengesetzt. Wiederholen Sie diese Übung zehnmal.

Übung 4
Formen Sie mit Ihren beiden Händen zwei Schalen und bedecken Sie damit Ihre Augen. Schauen Sie nun einige Minuten ganz entspannt ins Dunkel. Danach öffnen Sie die Schalen sehr langsam, damit sich Ihre Augen allmählich wieder ans Licht gewöhnen.

Übung 5
Kombinieren Sie Übung 3 mit Übung 4.

Übung 6
Schauen Sie entspannt in die Ferne. Halten Sie dann den nach oben gerichteten Daumen 40 Zentimeter vor die Augen und blicken Sie direkt darauf. Der Finger erscheint einfach und scharf. Sehen Sie anschließend wieder in die Ferne. Jetzt sollte Ihnen der Daumen doppelt und verschwommen erscheinen. Wechseln Sie siebenmal zwischen Fern- und Nahsicht.

EINEN AUGENBLICK, BITTE

1. Überanstrengen Sie Ihre Augen nie!
2. Lesen Sie nie mit Gewalt! Hören Sie auf, wenn Sie müde werden!
3. Blinzeln Sie öfter zwischendurch! So halten Sie Ihre Augen feucht, entspannt und aufnahmebereit.
4. Üben Sie keinen Druck auf Ihre Augen aus! Die Augen sehen von alleine scharf.
5. Weiten Sie Ihre Blickspanne nur allmählich aus und nur innerhalb der natürlichen Grenzen!
6. Wer besser lesen will, muss gut sehen! Gehen Sie regelmäßig zum Augenarzt. Wenn Sie eine Brille tragen, sollten Sie mindestens alle zwei Jahre Ihre Sehschärfe überprüfen lassen.

Übung 7

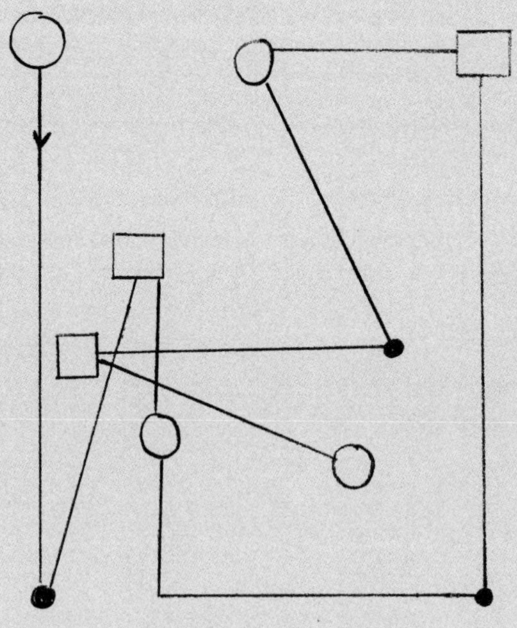

Verfolgen Sie die Linien mehrmals vor und zurück.

Übung 8

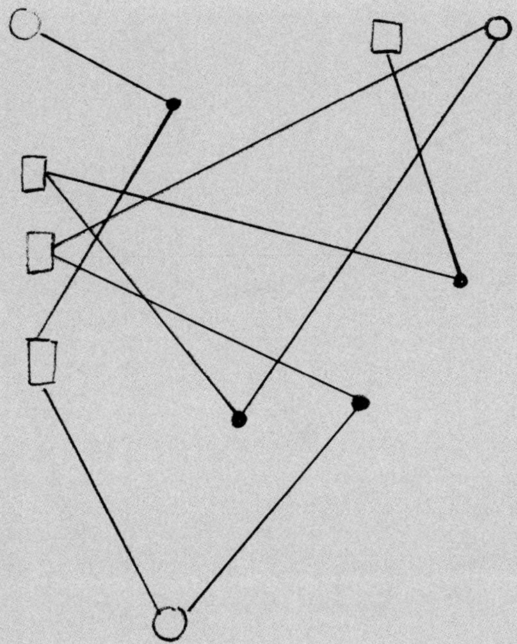

Verfolgen Sie die Linien mehrmals vor und zurück.

Übung 9

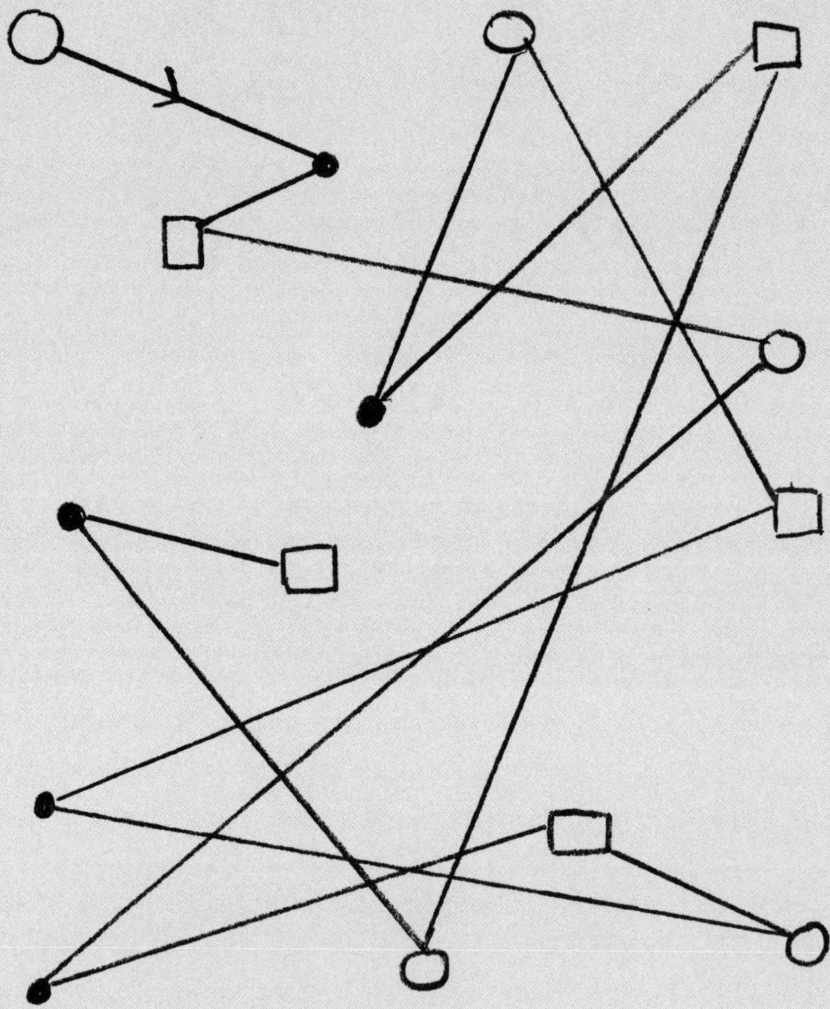

Verfolgen Sie die Linien mehrmals vor und zurück.

Übung 10

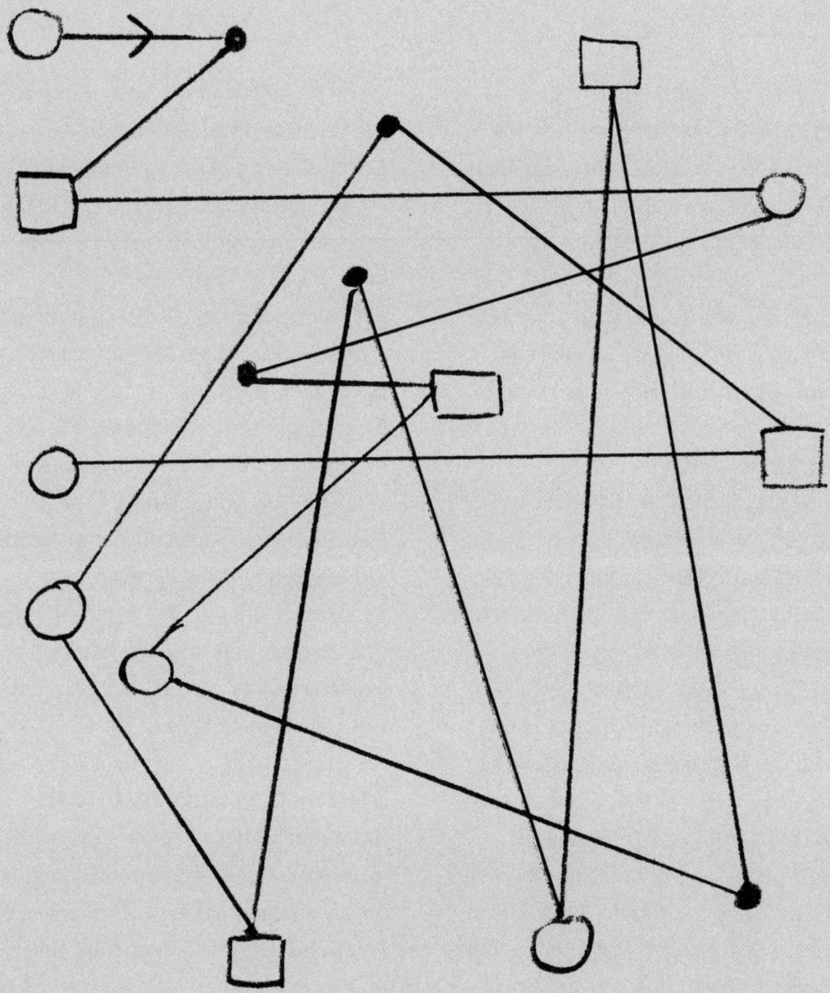

Verfolgen Sie die Linien mehrmals vor und zurück.

Lesetest eins

Zu folgendem Test brauchen Sie eine Stoppuhr oder eine Uhr mit Sekundenzeiger. Legen Sie diese neben sich und lesen Sie allein. In Ihrer bisher gewohnten, normalen Geschwindigkeit. Setzen Sie sich nicht unter Druck und machen Sie sich keine Sorgen ums Ergebnis. Die Fortschritte kommen im Verlauf dieses Buches von ganz allein.

Lesetest: Start

„Wir wussten, dass der Sturm kommen wird, aber er entschied sich, einen Tag früher einzutreffen«, räumte der Meteorologe Tim Morrin ein. Tatsächlich waren er und seine Kollegen, aber auch die zur Wetterprognose eingesetzten Computermodelle vom Tempo und von der Stärke des Schneesturms völlig überrascht. Mit Windgeschwindigkeiten von bis zu 70 Stundenkilometern raste der Blizzard über die Ostküste der USA und bescherte gewissen Gebieten fast einen Meter Schnee. Am schlimmsten betroffen war der Staat North Carolina im Süden. In Raleigh hatte man seit Jahrzehnten nicht mehr so viel Schnee gesehen.

Notstand im Osten

Die Gouverneure von North Carolina, Virginia und Maryland riefen daraufhin auch den Notstand aus. In Washington blieben die meisten Büros der US-Regierung wie schon am Vortag geschlossen. Die Steuerzahler kostete das 120 Millionen Dollar. Auch die Schulen in den betroffenen Staaten der Ostküste waren geschlossen, sehr zum Vergnügen der Kinder.

Betroffen waren auch die Straßen und Autobahnen. Schneepflüge kamen nicht mehr nach, weil es an gewissen Orten unaufhörlich schneite. »Kaum hat man gepflügt und kommt zurück, kann man erneut anfangen«, sagte John Dalrymple, Gemeindeangestellter in New Jersey. Manche Auto- und Truckfahrer blieben auf den Autobahnen stecken und mussten gerettet werden. Es kam zu zahlreichen, zum Teil schweren Unfällen.

Sturm des Jahrhunderts

Bei Pollocksville in North Carolina etwa kippte ein Tanklaster mit leicht entzündbarem, giftigem Methanol um. Das Gebiet musste abgeriegelt und eine Spezialeinheit von Marineinfanteristen vom nahe gelegenen Marine-Flugstützpunkt Cherry Point eingesetzt werden.

Zahlreiche Flughäfen wurden geschlossen, insgesamt wurden über 1000 Flüge annulliert. Davon betroffen war auch Präsidentschaftskandidat Alan Keys, der nach New Hampshire fliegen wollte, wo nächste Woche die erste

Primärwahl stattfindet. Keys blieb auf dem Flughafen von Detroit stecken. Hunderttausende von Menschen waren ohne Strom. Mindestens fünf Personen kamen in North und South Carolina um, ein Mädchen in Massachusetts verschwand.
„Das könnte der Sturm des Jahrhunderts sein«, meinte Ray Burke, der Einsatzleiter für die Schneepflugmannschaften auf den Autobahnen des Staates Vermont.

Präsident verspricht Hilfe

Präsident Bill Clinton versprach, mehrere Millionen Dollar für die Nothilfe an arme Familien freizumachen, die es sich nicht mehr leisten können, ihr Zuhause zu heizen. Der starke Anstieg der Erdölpreise hatte viele bedürftige Familien schwer getroffen. Manche standen vor der schweren Entscheidung, ob sie sich ernähren oder warmhalten wollen.
Freude kam dagegen in den Skigebieten Neuenglands auf, das bisher diesen Winter fast keinen Schnee erhalten hatte. »Das wird die Skisaison vermutlich retten«, sagte eine Sprecherin des Skiortes Stratton Mountain in Vermont.
Und schließlich gab es auch Leute, die dem Sturm positive Seiten abgewinnen konnten und ihn nicht allzu tragisch nahmen. Peter Nassar in Bryn Mawr beispielsweise ließ es sich trotz der Schneemassen nicht nehmen, die vier Kilometer zum nächsten Briefkasten zu gehen, um eine Geburtstagskarte für seinen Vater einzulegen. »Das Wetter zwingt uns alle zur Entspannung«, meinte er.

Chaos auf Flughäfen

Einen Tag nach dem gewaltigen Wintersturm in den USA, der weite Teile der amerikanischen Ostküste mit einer dicken Schneedecke überzog, bestimmte Chaos weiterhin das Bild. Die großen Flughäfen der Region wie in New York, Boston oder Washington konnten am Dienstag nur nach und nach wieder den Betrieb aufnehmen. Von einem geordneten Flugverkehr konnte jedoch noch keine Rede sein. Aufräumarbeiten auf Flughäfen und den Hauptverkehrsadern entlang der Ostküste und in den Metropolen kamen nur schleppend in Gang.
Tausende von Reisenden hatten eine weitere Nacht in Flughallen oder nahe liegenden Hotels verbringen müssen. Allein an der Ostküste waren nach Medienberichten über 1500 Flüge – rund die Hälfte aller Flugverbindungen an einem Tag – wegen des Schnees gestrichen worden. Der Blizzard, einer der schwersten in diesem Jahrhundert, soll

mindestens 50 Menschenleben gefordert haben. In Boston und Washington war es der schwerste Wintersturm seit Ende der siebziger Jahre, mit Schneefällen von bis zu 70 Zentimetern in 24 Stunden und Schneewehen von bis zu zwei Metern. Regierungsangestellte und Millionen von Schulkindern sollten in Washington wie auch anderswo wiederum zu Hause bleiben.
Für die Börse in New York war erneut Verspätung angesagt, nachdem sie am Montag bereits nur einen dreistündigen »Notbetrieb« hatte fahren können. Wegen des Blizzards rechneten Beobachter wie schon beim schweren Wintersturm im März 1993 mit negativen Auswirkungen für das amerikanische Wirtschaftswachstum im ersten Quartal diesen Jahres. Das Conference Board in New York, eine Einrichtung der Privatwirtschaft, prognostizierte eine Zunahme von real unter einem Prozent für Januar bis März 1996.

Frost im Sonnenstaat

Selbst im Sonnenstaat Florida sanken die Temperaturen in der Nacht zum Dienstag durch den Windfaktor weit unter null Grad Celsius. Die Anbauer von Zitrusfrüchten fürchteten um ihre diesjährige Ernte. Falls die eisige Kälte anhalten würde, könnten sich die Ausfälle im Zitrusfrucht- und Gemüseanbau sowie bei der Blumenzucht auf bis zu drei Milliarden Dollar belaufen. Heizungsrohre in Gewächshäusern waren schon teilweise zugefroren.

Allrad-Autos gefragt

Die Bevölkerung, die über die Wetter- und Verkehrslage rund um die Uhr unterrichtet wurde, blieb auch am Dienstag weitgehend zu Hause. Besitzer von Privat-Fahrzeugen mit Vierradantrieb wurden wiederholt von den Medien aufgefordert, Ärzte und anderes Personal von und in Krankenhäuser zu transportieren. In acht Staaten war der Ausnahmezustand ausgerufen. In Pennsylvania waren 47 Straßenverbindungen für den Privatverkehr gesperrt.

Schnee-Chaos 1978/79

Von Blizzards wie in den USA blieb Deutschland bisher zum Glück verschont, doch zumindest die älteren Leser haben das Schnee-Chaos der letzten Dezembertage des Jahres 1978 sicher noch gut in Erinnerung.
Es begann damit, dass heftiges Weihnachtstauwetter einsetzte und die weiße Pracht, die die ganze Republik bedeckt hatte, bis in die Hochlagen der Alpen binnen weniger Tage zum Schmelzen brachte. Mitten im Winter war plötzlich der Frühling ausgebrochen, mit Temperaturen bis zu zwölf Grad.

Regen wird zu Blitzeis

Doch dann schlug Väterchen Frost mit beispielloser Wucht zurück: In den letzten drei Tagen des scheidenden Jahres formierte sich zunächst über Norddeutschland die schlimmste Schnee- und Eisfront des 20. Jahrhunderts. Bis zum Abend sank die Temperatur in Schleswig-Holstein unter den Gefrierpunkt. Gleichzeitig kam ein böiger Nordostwind, der sich im Lauf der Nacht zum eisigen Sturm verwandelte. Aus den höheren milderen Luftschichten fiel starker Regen, der auf dem Boden binnen Sekunden zu Blitzeis gefror und die Straßen in spiegelglatte Rutschbahnen verwandelte. Am Nachmittag des 29. Dezembers war die Eisfront auf die Höhe Berlins und Bremens vorgedrungen. Norddeutschland wurde zum Katastrophengebiet: Der Schienenverkehr kam wegen eingefrorener Weichen fast komplett zum Erliegen, auf den Straßen musste die Bundeswehr Panzer einsetzen, um liegengebliebene Fahrzeuge zu bergen, zahlreiche Ortschaften waren von der Außenwelt abgeschnitten. Teils fiel sogar die Stromversorgung aus und das öffentliche Leben drohte total zu kollabieren.

Versunken im Schnee

Zudem sorgte der andauernde Nordoststurm für Hochwassermassen in den Ostseestädten Eckernförde, Kiel und Lübeck. Obwohl die Hilfsdienste rund um die Uhr im Einsatz waren, erfroren mehrere Menschen in den gewaltigen Schneemassen oder im eisigen Sturm. Einige der Opfer wurden erst Wochen später gefunden, nachdem sie die Schneeschmelze wieder freigegeben hatte.

In den frühen Morgenstunden des Neujahrstages erreichte die Kaltfront schließlich auch Südwestdeutschland und die Alpen, wo sie sich endlich abzuschwächen begann.

LESETEST: AUSWERTUNG

Sie haben jetzt den Text gelesen, der 1131 Wörter umfasst. Bitte schreiben Sie hier Ihre Lesezeit nieder:

.... Sekunden

Um Ihre derzeitige Lesegeschwindigkeit (in Wörtern pro Minute) zu messen, gehen Sie wie folgt vor: Angenommen Ihre Lesezeit von 1131 Wörtern läge bei 320 Sekunden, dann würden Sie in

einer Sekunde $\frac{1131}{320}$, also rund 3,5 Wörter lesen.

Ihre Lesegeschwindigkeit in Wörtern pro Minute (WpM) würde folglich 3,5 mal 60 = 210 Wörter betragen. Mit diesem Wert wären Sie ein geübter Leser mit durchschnittlicher Lesegeschwindigkeit (200 bis 220 WpM).

Ihre tatsächliche Lesegeschwindigkeit halten Sie bitte hier fest:

$$\frac{\text{1131 Wörter x 60}}{\text{......... Sekunden}} = \text{............ WpM}$$

LESETEST: FRAGEN

Jetzt geht es um die Frage, wie viel des gelesenen Textes Sie verstanden haben. Beantworten Sie dazu bitte folgende Fragen, ohne nochmaliges Nachblättern im Text:

1. Wie lautet der Vorname des Meteorologen Morrin?
   a) Jerry
   b) Jim
   c) Tim
   d) Tom
2. Mit welcher Geschwindigkeit raste der Blizzard auf die Ostküste zu?
   a) 50 km/h
   b) 60 km/h
   c) 70 km/h
   d) 80 km/h
3. Welcher Staat war am schlimmsten betroffen?
   a) Maryland
   b) North Carolina
   c) South Carolina
   d) Virginia
4. Auf welche Summe wurde der Schaden durch die Schließung der Regierungsbüros geschätzt?
   a) 100 Millionen Dollar
   b) 110 Millionen Dollar
   c) 120 Millonen Dollar
   d) 210 Millionen Dollar

5. Welche Militäreinheit kam nach dem Unglück eines Tanklasters zum Einsatz?
   a) Fallschirmjäger
   b) Infanterie
   c) Luftwaffe
   d) Marineinfanterie

6. Wohin wollte Präsidentschaftskandidat Alan Keys fliegen?
   a) Detroit
   b) New Hampshire
   c) New York
   d) Washington

7. In welchem Staat wurde ein Mädchen vermisst?
   a) Maryland
   b) Massachusetts
   c) North Carolina
   d) South Carolina

8. Welches Ziel hatte Peter Nassar bei seinem Marsch durch die Schneemassen?
   a) Bank
   b) Briefkasten
   c) Supermarkt
   d) Telefonzelle

9. Wann tobte das schlimmste Schnee- und Eis-Chaos des 20. Jahrhunderts über Deutschland?
   a) 1977/78
   b) 1978/79
   c) 1987/88
   d) 1988/89

10. Wann erreichte die Kaltfront Südwestdeutschland?
   a) 28. Dezember
   b) 29. Dezember
   c) 30. Dezember
   d) 1. Januar

LESETEST: ANTWORTEN

1.: c)
2.: c)
3.: b)
4.: c)
5.: d)
6.: b)
7.: b)
8.: b)
9.: b)
10.: d)

Bitte geben Sie sich für jede richtige Antwort zehn Punkte (maximal sind 100 Punkte erreichbar).

100–90 Punkte: ausgezeichnet
80–70 Punkte: gut
60–50 Punkte: befriedigend

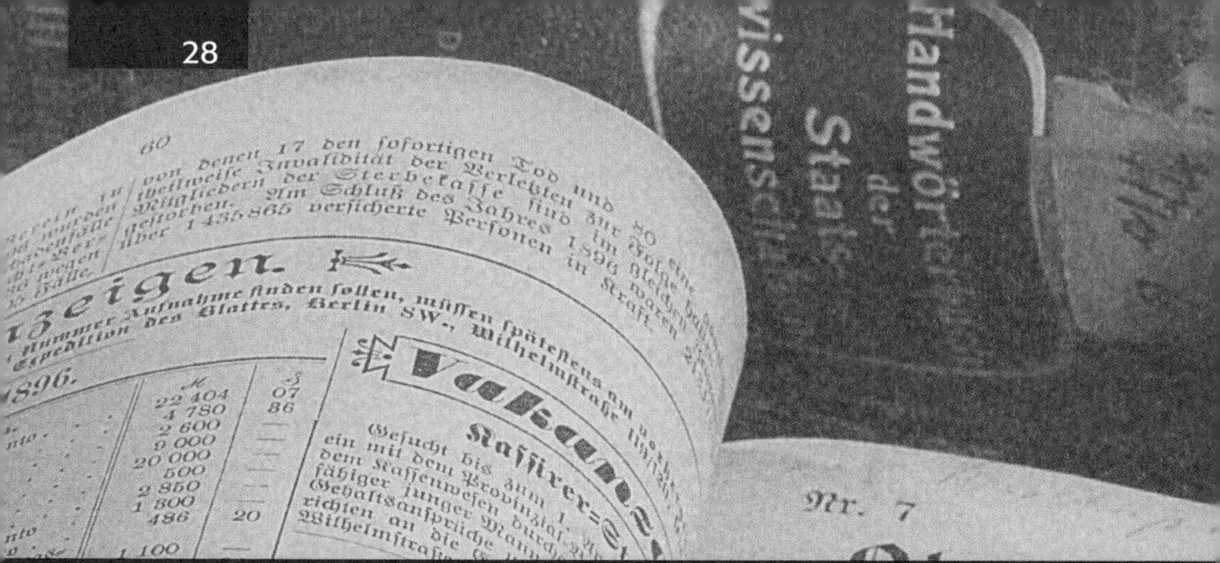

Wo, wann und wie lesen Sie?

Welche Lesegewohnheiten haben Sie?

Sind Sie ein Murmeltier?

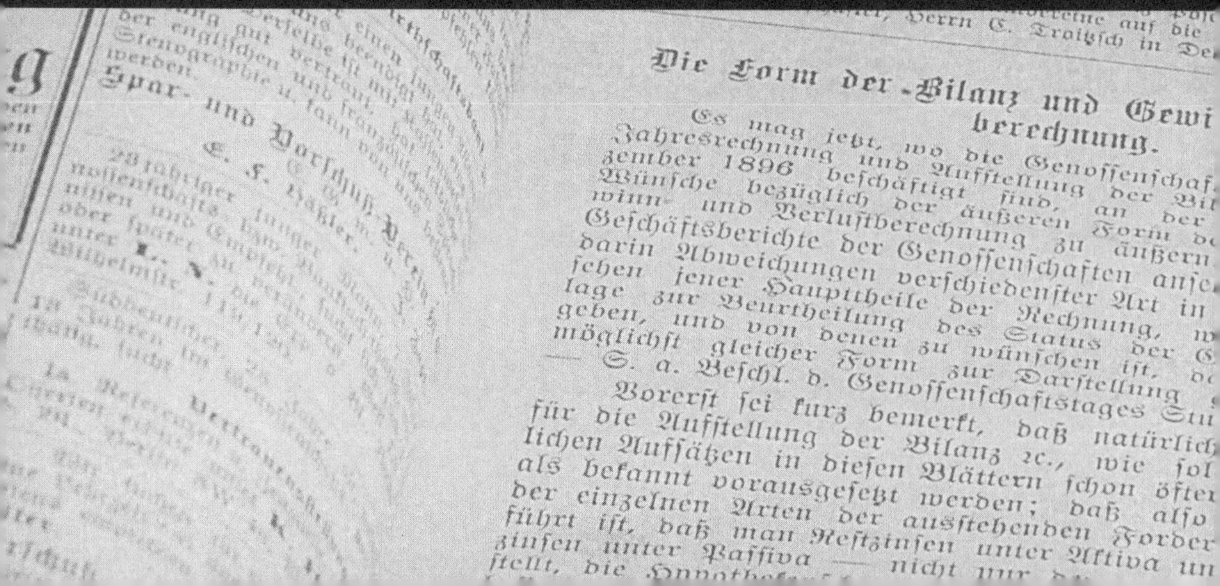

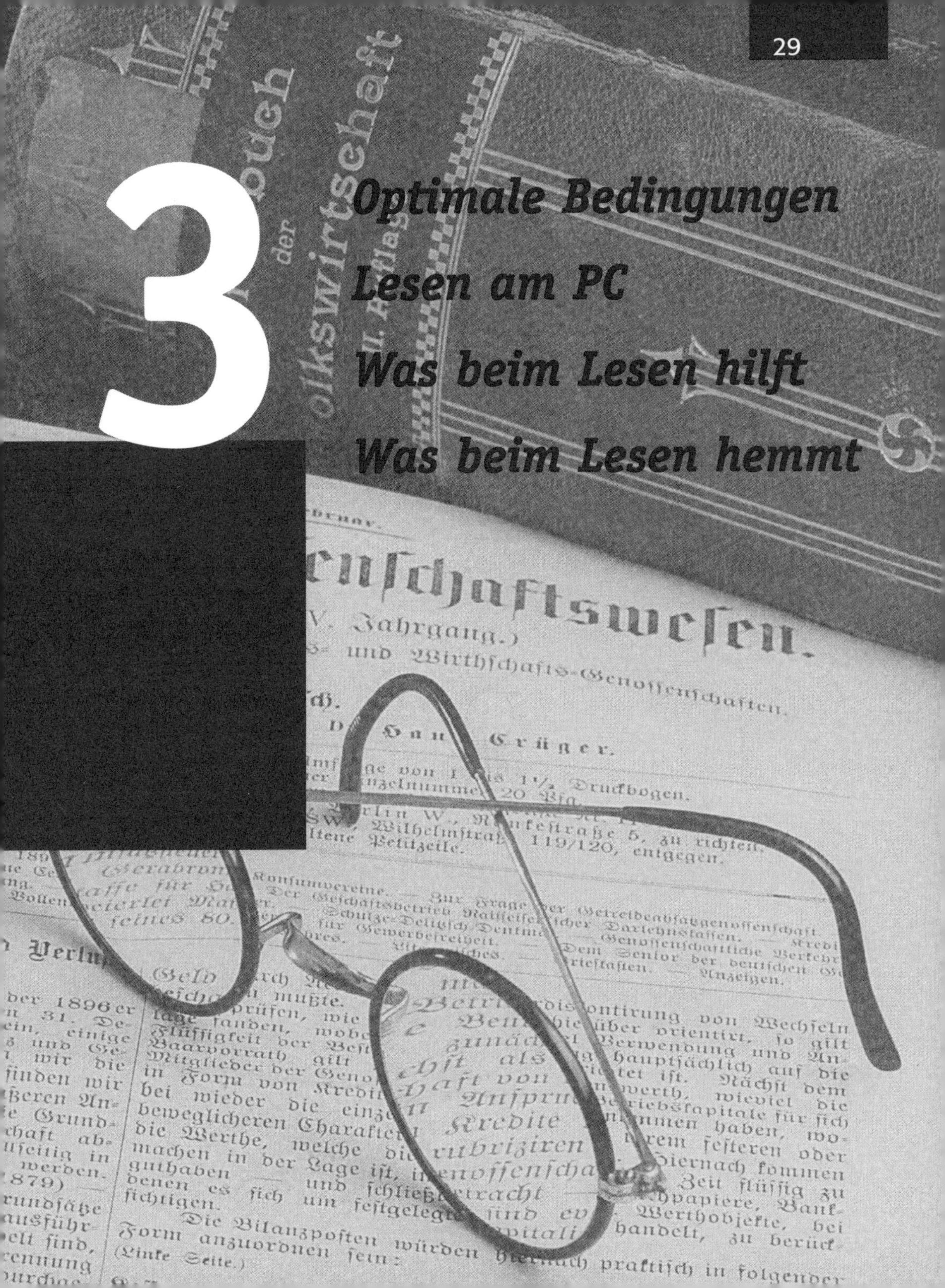

3

Optimale Bedingungen

Lesen am PC

Was beim Lesen hilft

Was beim Lesen hemmt

Was bedeutet Lesen?

Wenn Sie lesen können, können Sie noch lange nicht lesen.

Lesen lernt man auf verschiedene Arten. Eine Unterrichtsart basiert auf der phonetischen Methode: Dem Kind wird zunächst das Alphabet und anschließend die Vokalisierung von Wörtern beigebracht. Bei der Schau-und-Sprich-Methode hingegen lernt das Kind, Bildern die richtigen Wörter zuzuordnen. Egal, ob in der Schule das eine oder andere Vorgehen praktiziert wird, sobald ein Kind Wörter erkennen und lautlos lesen kann, geht man in der Regel davon aus, dass es nun die Fähigkeit des Lesens beherrscht. Dabei ist dies nur der Beginn. »Ein Kind in diesem Stadium zu belassen bis es erwachsen ist«, sagt der britische »Gehirn-Papst« Tony Buzan, »bedeutet ungefähr dasselbe, als würde man annehmen, sobald ein Baby krabbeln kann, wäre der ganze Bewegungsprozess abgeschlossen!«

Lesen ist ein vielschichtiger Prozess, der sieben Schritte umfasst:

1. Erkennen des Alphabets. Findet statt, bevor das physische Lesen beginnt.

2. Assimilieren
Physischer Prozess, durch den das Auge Licht reflektiert. Diese Reflexion wird vom Auge aufgenommen und über den optischen Nerv weitergeleitet ans Gehirn.

3. Verbinden nach innen
(Basisverständigung). Bringt alle Teile der gelesenen Information mit den anderen passenden Teilen in Beziehung.

4. Verbinden nach außen
Bringt das bisherige Wissen mit dem Gelesenen in den richtigen Zusammenhang, stellt richtige Verbindungen her, analysiert, schätzt ab, wählt aus und verwirft.

5. Festhalten
Das grundsätzliche Speichern von Informationen.

6. Abrufen
Die Fähigkeit, die gespeicherten Informationen abzurufen – am besten dann, wenn sie gebraucht werden.

7. Kommunizieren
Gebrauch, dem die Informationen zugeführt werden. Kommunikation beinhaltet geschriebene, gesprochene und kreative Darstellungsformen ebenso wie die wichtigste menschliche Funktion: das Denken.

Um ein effektiver Schnell-Leser zu werden, müssen Sie jeden einzelnen dieser Teilprozesse fördern und entwickeln.

So schaffen Sie optimale Lesebedingungen

Bei den einen sind es äußere Umstände wie schlechter Wind oder eine ramponierte Piste, bei den anderen Verletzungen oder der zu große nervliche Druck. Wenn Sportler bei großen Wettkämpfen versagen, sind sie mit den Gründen meist schnell bei der Hand. Alles Ausreden? Keineswegs. Denn es hängt tatsächlich eine ganze Menge davon ab, ob ein Sportler exakt zum Punkt x sein Leistungsvermögen abrufen kann. Dazu gehört weit mehr als ein gezieltes Training und eine Portion Glück. Es muss alles, aber wirklich alles stimmen bis aufs i-Tüpfelchen: Tagesform, Gesundheit, Selbstbewusstsein, körperliche und geistige Frische, optimale Wettkampfstätte,...

Ähnlich ist es beim Lesen. Wenn Sie zum Beispiel an einer schweren Erkältung leiden oder einen anstrengenden 16-Stunden-Tag hinter sich haben, lassen Sie von Zeitungen und Büchern am besten die Hände weg. Unter solchen negativen Umständen kommt nämlich sowieso nicht viel heraus. Wenn Sie sich hingegen rundum wohl fühlen und zudem die richtige Umgebung für ein gutes Buch oder eine interessante Zeitschrift haben, werden Sie staunen: über Ihr hohes Lesetempo und über Ihren hohen Verständnisgrad.

Umgebung

Egal ob zu Hause oder im Büro – richten Sie Ihren Leseplatz so ein, dass Sie sich dort wohl fühlen können: hell, geräumig, angenehm, einladend. Und ruhig!

Licht

Die besten Leseleistungen erreichen Sie bei Tageslicht. Setzen Sie sich in die Nähe eines Fensters, so dass das Licht ohne Schatten auf Ihre Lektüre fällt. Achten Sie bei künstlichem Licht auf ausreichende und blendfreie Helligkeit. Schalten Sie neben der Schreibtisch- oder Leselampe auch die Deckenbeleuchtung ein.

Körperhaltung

Setzen Sie sich aufrecht hin. Am besten auf einen Sessel oder Stuhl, der weder zu hart noch zu weich ist und eine gerade Rückenlehne hat. Im Idealfall stehen Ihre Füße beim Lesen flach auf dem Boden. Der optimale Abstand zwischen Ihren Augen und dem Text liegt zwischen 25 und 35 Zentimetern.

Zeit

Es gibt so genannte Tag- und Nachtmenschen. Während die einen schon morgens um sechs Uhr voll auf Touren sind, laufen die anderen erst abends zu ihrer Bestform auf. Wenn Sie aufgrund Ihres Berufs oder anderer äußerer Umstände

Schaffen Sie eine Wohlfühl-Atmosphäre: Nur wenn alles stimmt, können Sie schnell und mit hohem Verständnis lesen.

nicht an bestimmte Lesezeiten gebunden sind, starten Sie doch einmal folgendes Experiment: Lesen Sie zu möglichst unterschiedlichen Uhrzeiten und testen Sie, wann Ihre Konzentrations- und Aufnahmefähigkeit am höchsten ist.

ZEHN PRAKTISCHE LESETIPPS

1. Nur wenn Sie sich in einem körperlichen und seelischen Gleichgewicht befinden, können Sie konzentriert lesen. Probleme, die Ihnen ständig durch den Kopf gehen, lenken Sie ebenso ab wie Unpässlichkeiten.
2. Lassen Sie sich von nichts und niemand aus der Ruhe bringen. Schalten Sie Fernseher und Radio ab und den Anrufbeantworter ein, bringen Sie ggf. ein »Bitte nicht stören«-Schild an der Tür an. Zimmer, in denen Kinder toben, oder Großraumbüros sind ungeeignete Orte zum Lesen.
3. Zweckmäßig angeordnete Unterlagen und Texte erhöhen Ihre Motivation zum Lesen. Wenn Sie ständig etwas suchen müssen, verlieren Sie schnell die Lust.
4. Zu starke Kontraste lenken vom Lesen ab. Außerdem werden Ihre Augen rasch müde, wenn sie sich ständig unterschiedlichen Lichtverhältnissen anpassen müssen. Deshalb sollte das Zimmer nur unwesentlich dunkler sein als Ihr Leseplatz.
5. Verbannen Sie alle Dinge, die sich bewegen und Sie stören könnten, aus Ihrem Gesichtsfeld: tickende Wecker, flackernde Kerzen, summende Fliegen, ...
6. Lesen Sie nie im Liegen. Diese Haltung ist unbequem und mindert die Konzentration. Bücher oder Zeitungen sind keine Schlafmittel!
7. Legen Sie Ihren Text nicht flach auf den Tisch, sondern etwas schräg, damit ein leichter Winkel entsteht. Lesen mit gebeugtem Rücken strengt zu sehr an.
8. Selbst sehr gute Brillen schlucken rund 15 Prozent Licht. Deshalb brauchen Brillenträger eine dementsprechend hellere Beleuchtung.
9. Blinzeln Sie öfter mal.
10. Machen Sie ab und zu Lesepausen und legen Sie eine kleine Augengymnastik ein.

Lesen am Computer: Ein ganz spezielles Kapitel

Wer bis zum Ausgang des 20. Jahrhunderts vom Lesen redete, meinte damit ausschließlich das Lesen von bedrucktem Papier. Inzwischen haben jedoch an (fast) allen Arbeitsplätzen und in vielen Haushalten die Computer Einzug gehalten: Der PC ist zu einem alltagstauglichen Massenmedium geworden.
Damit wurden auch die Möglichkeiten der Informationsbeschaffung revolutioniert. Webseiten, Datenbanken und Online-Nachrichten machen dem Buch und der guten, alten Tageszeitung mächtig Konkurrenz. Insbesondere (aber nicht nur) bei der jungen Generation. Eine Entwicklung, die natürlich auch eine Veränderung des Leseverhaltens und der Lesegewohnheiten mit sich bringt. Aber gleichzeitig auch Gefahren birgt. Denn so leicht der Umgang mit dem Computer erscheint, so schwerwiegend können die gesundheitlichen Probleme sein, die er verursachen kann. So lieferte beispielsweise eine Untersuchung des Instituts für Arbeits- und Sozialhygiene, Karlsruhe, schockierende Ergebnisse: Von über 14 000 Bildschirmarbeitsplätzen waren nur acht Prozent in Ordnung – der Rest erwies sich schlicht und ergreifend als gesundheitsschädlich.
Aus diesem Grund sollten Sie folgende Checkliste durchgehen, bevor Sie sich zum Lesen und Surfen an Ihren Computer setzen. Denn durch die Beachtung einiger Grundregeln können Sie Ihre Augen spürbar entlasten.

Das Lesen eines Buches und einer Website sind zwei völlig verschiedene Geschichten.

Bildschirm

Der optimale Abstand zwischen Ihren Augen und dem Monitor liegt bei mindestens 50 Zentimetern, wobei sich die oberste Textzeile in Augenhöhe befindet.
Achten Sie auf blend- und flimmerfreie Geräte (ab einer Bildfrequenz von 75 Hertz).
Helligkeit und Kontraste müssen leicht zu verstellen sein, damit Sie Ihren Bildschirm jederzeit wechselndem Licht anpassen können.
Schwarze Schrift auf weißem Grund ist am verträglichsten für die Augen. Die Schriftgröße am Bildschirm sollte mindestens drei Millimeter (zehn Punkt) betragen.

Beleuchtung

Idealerweise ist der PC-Arbeitsplatz gleichmäßig ausgeleuchtet und der Monitor so aufgestellt, dass Ihre Blickrichtung parallel zum Fenster ist.
Falls das Fenster dennoch störende Reflexe auslöst, lassen Sie die Jalousie

herunter. Bei Dunkelheit neben der Schreibtischlampe auch die Raumbeleuchtung einschalten, sonst muss sich Ihr Auge ständig unterschiedlichen Lichtverhältnissen anpassen.
Deckenleuchten blenden am wenigsten, wenn sie direkt über oder kurz hinter dem Bildschirm angebracht sind.

Körperhaltung

Sitzen Sie aufrecht, das entlastet die Wirbelsäule.
Wechseln Sie regelmäßig die Sitzposition. Deshalb sollte ein körpergerechter Schreibtischstuhl mit einer federnden Rückenlehne ausgestattet und kippsicher sein.
Achten Sie auf den rechten Winkel: sowohl zwischen Ober- und Unterarm als auch zwischen Ober- und Unterschenkel.
Wichtig für Schreibtischtäter: Stehen Sie zwischendurch öfter mal auf und laufen Sie ein paar Meter.

Tastatur

Die Tastatur sollte getrennt vom Bildschirm aufgestellt werden, fest aufliegen und darf nicht auf dem Tisch herumrutschen.
Achten Sie darauf, dass Sie genügend freie Fläche haben, damit Sie Ihre Handballen auf dem Tisch aufstützen können.

Maus

Wenn die Maus eine handfreundliche Form und ein ausreichend langes Kabel besitzt, haben Sie das richtige »Tierchen« ausgesucht. Denn bei sechs Stunden Arbeit mit der Maus wird der Zeigefinger ähnlich stark belastet wie die Beine bei einem Fußmarsch von 40 Kilometern.

Schreibtisch

Achten Sie auf ausreichende Größe: Minimum 160 Zentimeter lang, 80 Zentimeter breit.
Halten Sie die ständig benötigten Arbeitsmittel in Reichweite und räumen Sie überflüssiges Zeug wie leere Kaffeetassen und Zeitschriftenstapel weg.

Ausgleichsgymnastik

Dehnen Sie die Arme immer mal wieder nach oben und hinten, so lockern Sie Rücken und Nacken.
Machen Sie regelmäßig Pausen für den Kopf und verlassen Sie Ihren Arbeitsplatz für ein paar Minuten.
Blinzeln nicht vergessen.

Gute und schlechte Lesegewohnheiten

Lesehilfen

Haben Sie schon einmal ein Kind beobachtet, das Lesen lernt? Es legt seinen Zeigefinger genau unter die Buchstaben oder Wörter, die es gerade liest. Warum? Weil das Kind durch dieses einfache Hilfsmittel seine Konzentration und Aufmerksamkeit erhöht.
Auch die meisten Erwachsenen benutzen einen Finger, Bleistift oder ein Lineal, wenn sie eine Nummer im Telefonbuch suchen oder ein Wort in einem Lexikon nachschlagen. Nur beim Lesen haben wir uns diese Art visueller Hilfe abgewöhnt. Weil der Anblick von Menschen, die beim Lesen den Finger benutzen, bei uns negative Assoziation weckt: Grundschüler, Buchstabieren, mangelnde Intelligenz,...
Absolut zu Unrecht. Denn das menschliche Auge ist geradezu prädestiniert, visuellen Bewegungen zu folgen. Weil Lesehilfen zudem den Arbeitsaufwand der Augen auf ein Minimum reduzieren, können Sie mit deren Hilfe bei gleich gutem Verständnis schneller lesen.
Allerdings sollten Sie statt des Fingers lieber einen Bleistift, ein Essstäbchen oder eine Stricknadel benutzen. Denn diese Dinge blockieren Ihnen nicht die Sicht auf den Text.
Am effektivsten nutzen Sie die Lesehilfe, indem Sie sie unter eine Zeile halten und sich im Mittelbereich der Seite fließend abwärts bewegen.

Buchstabieren

Wie der Zeigefinger unterstützt auch das Buchstabieren die ABC-Schützen beim Lesenlernen. Doch im Gegensatz zu Lesehilfen sollten Sie als Erwachsener nicht mehr auf diese Methode zurückgreifen.
Denn zum einen ist diese Art des Lesens sehr zeitraubend, weil Sie alle Buchstaben zunächst als einzelnes Bild aufnehmen müssen, um sie hinterher zu einem Wort zusammenzufügen. Zum anderen erschwert das Buchstabieren sehr das Gesamtverständnis.
Wenn Sie einigermaßen Übung im Lesen haben, können Sie aufs Buchstabieren problemlos verzichten. Dann wird Ihnen ein Teilausschnitt des Textes genügen, um daraus ein Ganzes zu formen. Beispiele: Aus den Wortfragmenten
B ch st be bzw. M th de erkennen Sie sicher leicht, dass sich dahinter die Wörter »Buchstabe« bzw. »Methode« verstecken.

Wort-für-Wort-Lesen

Stellen Sie sich vor, Sie sehen einen Film komplett in Zeitlupe. Mag dies anfänglich und bei einzelnen Szenen reizvoll sein, wird es Ihnen nach kurzer Zeit sicher langweilig werden. Da Ihr Gehirn nicht ausgelastet ist, schaltet es ab, versteht nichts mehr und ermüdet.
Ähnlich ist es beim Wort-für-Wort-Lesen. Meist enthält ein Wort nur wenig

Vorsicht Vorurteil! Menschen, die beim Lesen den Finger benutzen, sind nicht automatisch dumm.

Am Rande betrachtet: Erweitern Sie Ihr Blickfeld auf Normalgröße!

Ein Blick sagt mehr als tausend Worte: Warum Sie Vokalisieren am schnellen Lesen hindert, Subvokalisieren jedoch nicht.

Informationsgehalt, erst im Zusammenhang mit anderen Wörtern ergibt sich ein sinnvoller Kontext und das Gelesene wird leichter verstanden.
Ein wenig geübter Leser wird beispielsweise folgenden Satz in zahlreiche Wortgruppen gliedern:
»War es/vor 250 Jahren/einem halbwegs/gebildeten Menschen/noch möglich,/das komplette/Wissenspektrum/zu überschauen,/stellt dies/heute selbst/für das/größte Genie/eine Aufgabe/wie die/Quadratur des Kreises/dar.«
Ein trainierter Leser hingegen kommt mit weniger Unterbrechungen aus:
»War es vor 250 Jahren/einem halbwegs gebildeten Menschen noch möglich,/das komplette Wissenspektrum zu überschauen,/stellt dies heute/selbst für das größte Genie/eine Aufgabe wie/die Quadratur des Kreises dar.« Sie glauben, dass Sie zur Bildung von größeren Wortgruppen noch nicht fähig sind? Natürlich sind Sie das! Schließlich besitzen auch Ihre Augen ein fast unglaubliches Potenzial: So dienen nur 20 Prozent der 260 Millionen Lichtempfänger in der Netzhaut der direkten oder zentralen Sehkraft. Sage und schreibe 80 Prozent dagegen, also 208 Millionen Lichtempfänger, sind für die Periphär- oder Randsehkraft zuständig.
Sie verfügen über ein weitaus größeres Blickfeld, als Sie wahrscheinlich glauben. Bei manchen Menschen reicht es bei ausgebreiteten Armen von der einen Seite der Fingerspitzen bis zur anderen. Je kürzer der Abstand zu einem Gegenstand ist, desto kleiner ist die Blickspanne. Auf die Lesefähigkeit übertragen bedeutet dies: Wenn Sie aus 30 Zentimetern Entfernung auf ein Wort schauen, erfasst Ihr Blick nicht nur dieses Wort, sondern eine Kreisfläche mit einem Durchmesser von zehn Zentimetern darum herum.
Wie Sie Ihr Blickfeld normalisieren und erweitern können, erfahren Sie in einer Übung am Ende dieses Kapitels.

Vokalisieren

Auch diese Methode bremst die Lesegeschwindigkeit ungemein. Denn beim Vokalisieren wird der Text mehr oder weniger deutlich mit den Sprechwerkzeugen mitgelesen. Und Lippen, Zunge und Stimmbänder sind natürlich nicht mal annähernd so schnell wie Auge und Gehirn.
Dies macht folgendes Beispiel deutlich: Schauen Sie aus dem Fenster, schließen Sie dann die Augen und blenden Sie sie anschließend einen kurzen Moment auf. In diesem Augenblick erfassen und verarbeiten Sie eine Unmenge an Dingen. Weitaus mehr als Sie im selben Zeitraum mit Worten ausdrücken könnten.
Vermeiden lässt sich das Vokalisieren, indem Sie beim Lesen ein Stückchen Papier zwischen die Lippen nehmen oder einen Kaugummi kauen.

Subvokalisieren

Der Mensch ist von Natur aus ein Murmeltier und spricht beim Lesen mit. In diesem Fall und im Gegensatz zum Vokalisieren nicht mit den Stimmwerkzeugen, sondern lautlos im Geist. An der Frage, ob diese Gewohnheit die Lesegeschwindigkeit hemmt oder nicht, scheiden sich die Geister. So wird Subvokalisieren in vielen Büchern und Kursen über Speed Reading als Hindernis angesehen, das überwunden werden müsse. Denn das geistige Mitsprechen koste fast ebenso viel Zeit wie das tatsächliche Mitsprechen. Außerdem blockiere es das Gehirn.

Andere Speed-Reading-Lehrer wie Tony Buzan wiederum halten Subvokalisieren für unerlässlich.

Erstens bringe es den Wörtersalat, den die Augen auf der Netzhaut abbilden, in eine sprachliche Reihenfolge. Zweitens stelle diese Gewohnheit keine Leseblockade dar, da das Gehirn in der Lage sei, bis zu 2000 Wörter pro Minute zu subvokalisieren. Drittens sei es fast ein Ding der Unmmöglichkeit, diese Gewohnheit vollständig abzustellen.

Setzen Sie sich deshalb auf keinen Fall zu stark unter Druck, um das Subvokalisieren abzustellen. Möglicherweise werden Sie ansonsten entmutigt und verlieren schnell die Lust am Lesen.

Langsames Lesen

Vielleicht kennen Sie das Problem vom Autofahren. Wenn Sie langsam unterwegs sind, fahren Sie oft unkonzentriert. Er schaut durch die Gegend, auf Menschen und beachten den Verkehr nur am Rande.

So verhält es sich auch beim Lesen. Machen Sie folgenden Test: Lesen Sie eine Seite bewusst in einem viel langsameren Tempo als normal. Weil Ihr Gehirn nicht richtig beansprucht wird, schweifen Ihre Gedanken ab. Sie haben den Text zwar mit den Augen wahrgenommen, aber nicht erfasst. Das heißt: Nur wenn Sie schnell lesen, lesen Sie konzentriert. Und nur bei konzentriertem Lesen können Sie den Text auch wirklich verstehen.

Wie Sie sich die Gewohnheit des langsamen Lesens abgewöhnen können? Nur dadurch, dass Sie Ihrem Gehirn keine Zeit geben, sich um andere Dinge zu kümmern. Bevor Sie mit dem Lesen beginnen, sollten Sie sich deshalb auf Geschwindigkeit programmieren.

Ihr Interesse an einem Text können Sie steigern, wenn Sie sich bereits vor dem Lesen überlegen, was Sie zu diesem Thema sagen können. Weiterer Tipp: Versuchen Sie immer den Gedanken des Autors zu folgen, seien Sie interessiert an seinen Thesen. Bleiben Sie ständig am Ball! Am besten erreichen Sie dies, indem Sie sich die Vorgänge, die in dem Text beschrieben werden, bildlich vorstellen.

Regressionen

Drei Schritte vor und zwei zurück: So stellen Sie Regressionen ab!

Unter Regression versteht man das ständige Zurückkehren zu Wörtern, Sätzen und Abschnitten, weil man glaubt, man hätte sie nicht oder nicht richtig verstanden.

Wie bereits in Kapitel zwei angedeutet, kostet Sie diese Gewohnheit sehr viel Zeit. Grund: Bei der Regression gehen Sie drei Schritte vor und danach gleich wieder zwei zurück. Denn Sie erhöhen

die Zahl der Fixierungen pro Seite und verlangsamen dadurch den Leseprozess. Doch das ist völlig unnötig, denn Regressionen erhöhen die Verständnisfähigkeit eines Textes kaum. Dies wurde bei Lesestudien festgestellt: Danach wich das Verständnis der verschiedenen Testpersonen, die teils mit Regression lasen, teils bewusst darauf verzichteten, nur geringfügig voneinander ab.
Folglich ist die Regression eine dumme Angewohnheit, die nur scheinbar etwas mit Verständnis zu tun hat. Viel mehr ist das ständige Zurückkehren zu Wörtern, Sätzen und Abschnitten das Resultat mangelnden Selbstvertrauens.
Außerdem hängt die Regression sehr stark mit der Gewohnheit des langsamen und unkonzentrierten Lesens zusammen: Ihre Augen tasten den Text zwar ab, doch Ihr Gehirn schweift immer wieder ab und nimmt folglich das Gelesene nicht richtig auf.
Wie aber können Sie Regressionen abstellen? Erstens, wenn Sie es bewusst vermeiden, an Textstellen zurückzukehren, auch wenn Sie etwas scheinbar nicht richtig verstanden haben.
Zweitens, indem Sie bewusst aufs Tempo drücken und dabei versuchen, einen gleichmäßigen Rhythmus Ihrer Augenbewegungen beizubehalten. Auch wenn anfangs Ihr Verständnis vielleicht nicht mit der Lesegeschwindigkeit mithalten kann.
Außerdem finden Sie am Ende dieses Kapitels einige Antiregressions-Übungen.

Lesegewohnheiten: Übungen

NORMALISIERUNG DER BLICKSPANNE

Gehen Sie Reihe für Reihe durch. Decken Sie jedes Wortpaar, das auf einer etwa zehn Zentimeter langen Linie liegt, zunächst mit einer Karte zu, dann für einen kurzen Augenblick auf, anschließend wieder zu. Können Sie beide Wörter erkennen?

Dänemark	Öltanker
Ostsee	Umwelt
Geschichte	Frachter
Donnerstag	Nacht
Schiff	Heizöl
Ölteppich	Kilometer
Wind	Küstengewässer
See	Nachmittag
Ursache	Zusammenstoß
Seemeile	Versagen
Halbinsel	Quadratmeter
Loch	Außenwand
Flagge	Cuxhaven
Behörde	Verschmutzung
Innenminister	Direktor
Bekämpfung	Insel

ANTIREGRESSIONS-TRAINING

Bitte lesen Sie jede Zeile, die aus jeweils drei Begriffen besteht, schnell und konzentriert. Jede Reihe enthält eine **Aussage** und zwei mit (1) und (2) nummerierte Begriffe. Schreiben Sie danach jeweils die Nummer, die zu der betreffenden Aussage passt, auf ein Blatt Papier.

Bescheidenheit	anspruchslos (1)	angeben (2)
Feier	gewinnen (1)	verlieren (2)
nass (1)	**Regen**	trocken (2)
trinken (1)	**Brei**	essen (2)
technisch (1)	natürlich (2)	**Computer**
lernen (1)	spielen (2)	**Schule**
klein	Riese (1)	Zwerg (2)
plagen	Freude (1)	Sorge (2)
Auge (1)	**sehen**	Ohr (2)
Schrank (1)	**sitzen**	Stuhl (2)
Schnee (1)	Sonne (2)	**schwitzen**
laut (1)	leise (2)	**brüllen**
Kapitän	Schiff (1)	Werkstatt (2)
Berg	Ebene (1)	Alpen (2)

Lösungen: 1 - 1 - 1 - 2 - 1 - 1 - 2 - 2 - 1 - 2 - 2 - 1 - 1 - 2

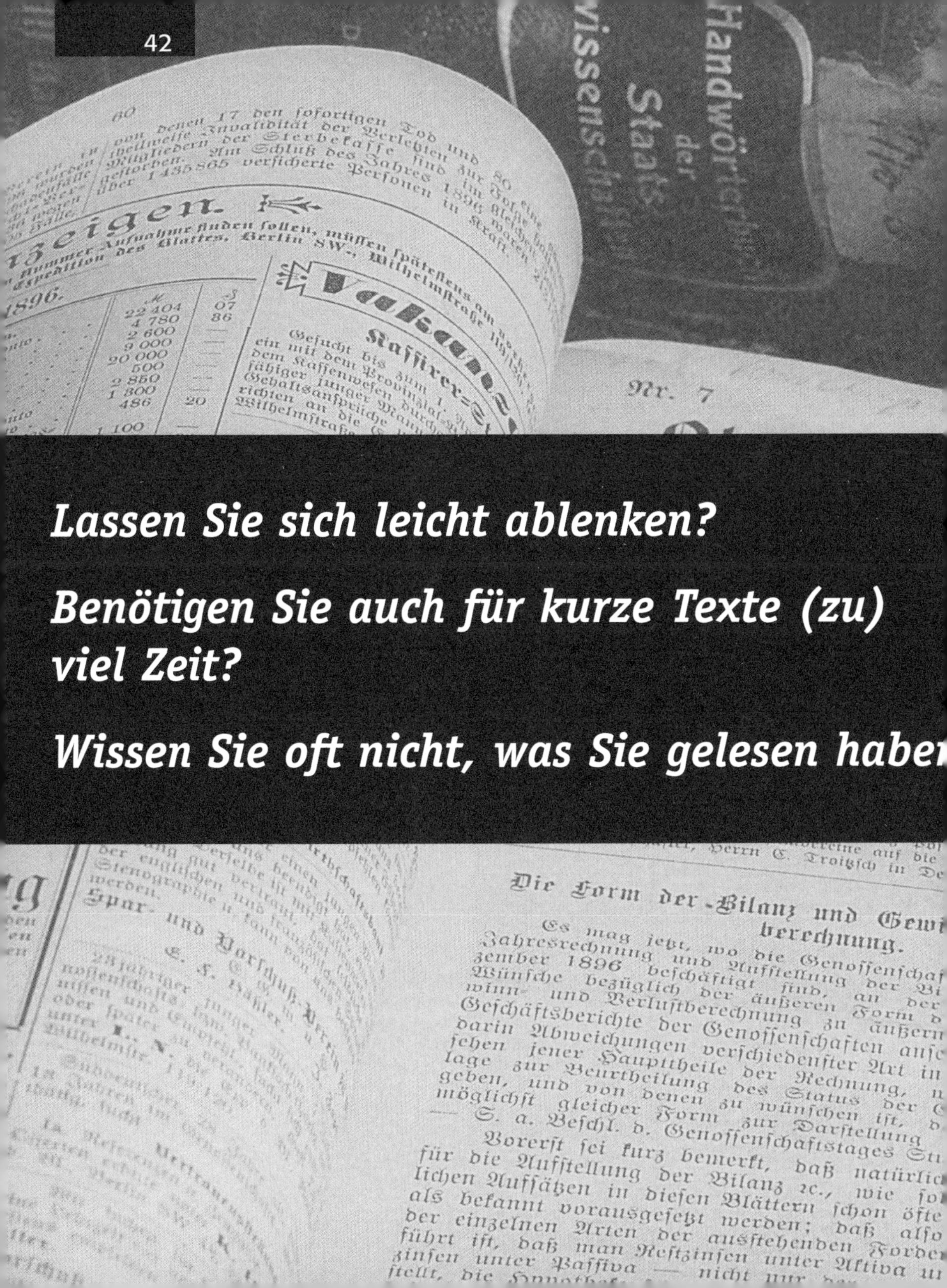

Lassen Sie sich leicht ablenken?

Benötigen Sie auch für kurze Texte (zu) viel Zeit?

Wissen Sie oft nicht, was Sie gelesen haben

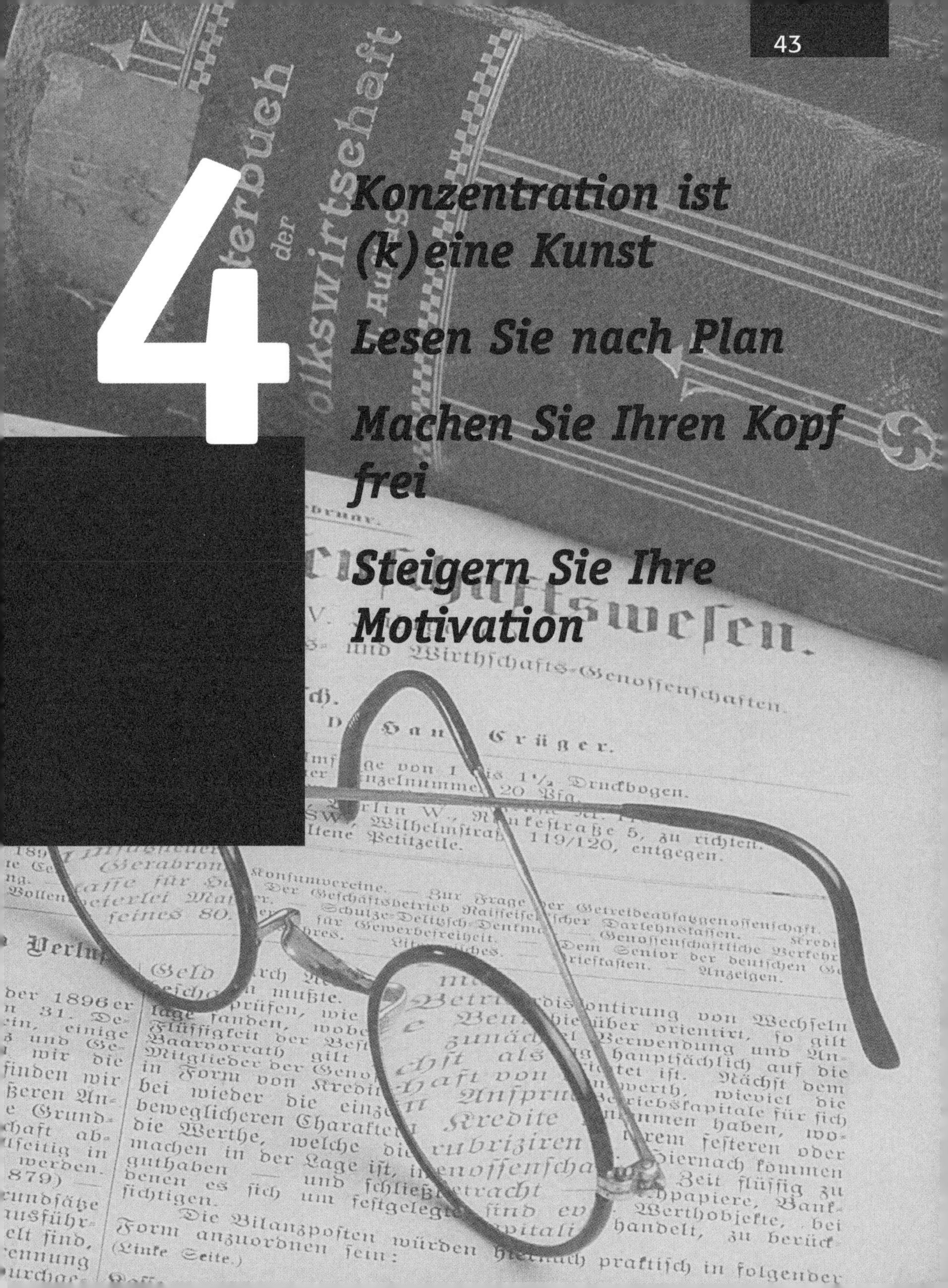

4

Konzentration ist (k)eine Kunst

Lesen Sie nach Plan

Machen Sie Ihren Kopf frei

Steigern Sie Ihre Motivation

So steigern Sie Ihre Konzentrationsfähigkeit

Sind Sie ein Frühaufsteher oder ein Nachtmensch? Konzentrationsfähigkeit hängt von vielen Faktoren ab.

»Mit dem Lesen erreicht man zugleich ein eigentümliches Verhalten, das sich in der Fähigkeit, still zu sitzen, nicht erschöpft. Die Selbstbeherrschung ist eine Herausforderung nicht nur für den Körper, sondern auch für den Verstand«, schreibt der Medien-Guru und Bestseller-Autor Neil Postman in seinem Buch »Das Verschwinden der Kindheit«. »Der Leser muss lernen, reflektiert und analytisch vorzugehen, er muss Geduld und Aufnahmebereitschaft entwickeln ...« Kurz gesagt, Sie müssen sich konzentrieren. Denn wenn Sie sich ablenken lassen, verlieren Sie Energie, brauchen mehr Zeit zum Lesen und verstehen weniger. Wer die Kunst der totalen Konzentrationsfähigkeit beherrscht, kann sich ins Lesen so vertiefen, dass er nichts hört und sieht, was um ihn herum passiert.

Thomas Jefferson war so ein Konzentrations-Genie. Der frühere US-Präsident teilte seinen Lesestoff in einen exakten Aktionsplan ein, von dem er niemals abwich, und formulierte für jedes Thema eigene Ziele.

KONZENTRATIONS-BAUSTEINE

Da die Konzentrationsfähigkeit sehr eng mit der körperlichen und seelischen Verfassung zusammenhängt, sollten Sie an einige grundlegende Dinge denken:

1. Achten Sie auf genügend Schlaf.
2. Verschaffen Sie sich Ruhephasen, in denen Sie Ihre Seele baumeln lassen. Solche Impulse bringen neue Motivation.
3. Essen Sie gesund, trinken Sie ausreichend und bewegen Sie sich viel.
4. Achten Sie auf ausreichend frische Luft und gute Lichtverhältnisse.
5. Optimales Sitzen beugt Verspannungen vor.
6. Treffen Sie Maßnahmen, damit Sie nichts und niemand stört.
7. Verbannen Sie alle störenden und ablenkenden Dinge wie auffällige Bilder aus Ihrem Sichtfeld.
8. Testen Sie, ob Ihnen leise Hintergrundmusik hilft.
9. Probieren Sie diverse Tipps aus. Manche Menschen können sich am frühen Morgen am besten konzentrieren, andere wiederum sind nachts besonders aufnahmefähig. Bedenken Sie: Kein Mensch ist an jedem Tag in der gleichen Verfassung.

Konzentrations-Förderer

1. Konsequente und regelmäßige Pausen

Tanken Sie zwischen dem Lesen immer wieder Energie – aber nicht erst, wenn Sie bereits vollkommen erschöpft sind. Am bestens stellen Sie eine Zeitschaltuhr oder einen elektronischen Planer so ein, dass Sie alle 45 oder 60 Minuten daran erinnert werden. Ansonsten besteht die Gefahr, dass Sie über Ihre Grenzen gehen und sich dadurch selbst blockieren. Wichtig: Füllen Sie die Pausen nicht mit Tätigkeiten, für die Sie erneut Konzentration brauchen. Also lieber aus dem Fenster schauen als in den Fernseher. Auch Bewegungs- und Atemübungen eignen sich vorzüglich zur Stärkung der Konzentration.

2. Interesse

Sicher waren auch Sie schon einmal von einem spannenden Buch oder einer fesselnden Geschichte so fasziniert, dass Sie nichts anderes mehr um sich herum wahrgenommen haben. Daran sehen Sie: Interesse ist nur eine Frage des guten Willens und Ihrer inneren Einstellung.

3. Überschaubares Arbeitspensum

Zu große und unüberschaubare Aufgaben wirken entmutigend. Effektiv und konzentriert arbeiten Sie, wenn Sie Ihren Lesestoff in viele kleine Einzelteile wie Kapitel aufgliedern. Machen Sie sich einen Plan und arbeiten Sie die Schritte nacheinander ab. Haken Sie den erledigten Stoff ab, so behalten Sie den Überblick und sehen gleichzeitig Ihre Erfolge.

4. Konzentrationsfördernde Arbeitstechniken

Vielleicht können Sie sich wichtige Textpassagen besser merken, indem Sie diese mit einem Leuchtstift markieren. Vielleicht hilft es Ihnen aber auch weiter, wenn Sie sich die wichtigsten Informationen des Textes auf Karteikärtchen schreiben und Bilder dazu malen. Mehr über diese Methode, das so genannte Mind Mapping, erfahren Sie in Kapitel 6.

Berge von ungelesenen Büchern, Zeitungen und Zeitschriften wirken entmutigend. Lesen Sie nach Plan, arbeiten Sie Ihren Stoff Kapitel für Kapitel ab und notieren Sie Ihre Erfolge.

VORSICHT BEI STIMULANZMITTELN

Mit Stimulanzien wie Kaffee sollten Sie vorsichtig umgehen. Kurzfristig können solche Mittel zwar Ihre Aufmerksamkeit und Konzentration steigern, aber sie sinkt auch rasch wieder ab. Zudem entzieht Kaffee Ihrem Körper Wasser. Ein gesunder Flüssigkeitshaushalt ist aber wichtig für Ihre Konzentration.

Konzentrations-Killer

Schweifen Ihre Gedanken häufig ab, lassen Sie sich leicht ablenken? Falls Sie auf diese Frage mit ja geantwortet haben, ist dies überhaupt nicht schlimm. Erstens leiden, abgesehen von einigen wenigen Ausnahmen, alle Menschen an Konzentrationsschwierigkeiten. Zweitens sind solche Dinge lösbar.

Denn Konzentrationsschwäche ist keine angeborene Unfähigkeit – und im Grunde genommen gar kein Problem. Denn selbst wenn Sie sich durch andere Dinge wie eine Fliege oder ein Bild an der Wand ablenken lassen, konzentrieren Sie sich doch – allerdings auf die falsche Sache.

Deshalb geht es weniger darum, die Störenfriede zu eliminieren, als um die Aufgabe Ihre Konzentration zu zentrieren und in die richtigen Bahnen zu lenken.

Äußere Konzentrations-Killer

- Geräusche: Trainieren Sie Ihre Konzentration trotz Maschinenlärm, Krach von der Straße oder lauter Stimmen – oder nehmen Sie Ohrstöpsel.

- Andere Menschen: Kollegen, Kunden oder Familienangehörige können echte Nervensägen sein – sofern Sie kein eigenes Arbeitszimmer besitzen. Zumindest in intensiven Konzentrationsphasen sollten Sie allein und ungestört sein.

- Gerüche: Hier gibt es nur zwei Möglichkeiten: Entweder Sie gewöhnen sich daran – oder Sie schaffen Abhilfe. Duftstoffe wie Bergamotte-Öl oder Zitrus dagegen fördern die Konzentration.

Innere Konzentrations-Killer

- Motivationsmangel: Haben Sie sich einen bestimmten Text vorgenommen, weil Sie den Lesestoff für eine Prüfung, den Beruf oder aus privaten Gründen brauchen oder weil Sie bei diesem Thema mitreden wollen? Wenn Sie stichhaltige Gründe fürs Lesen gefunden haben, steigt automatisch auch Ihre Motivation.

- Verständnisprobleme: Wenn Sie ein Wort nicht kennen, unterstreichen Sie es und lesen weiter. Wenn die Bedeutung aus dem Kontext nicht klar wird, schlagen Sie den Begriff am Ende des Kapitels nach.

- Abschweifende Gedanken: Sammeln Sie alle Dinge, die Ihnen im Kopf herumschwirren, und versuchen Sie, damit abzuschließen. Erst wenn Ihre Gedanken frei sind, können Sie sich aktiv dem Lesethema widmen.

Konzentrations-Training

Übung 1
Richten Sie bitte Ihre Aufmerksamkeit für eine Minute ausschließlich auf einen Gegenstand, zum Beispiel eine Kerze oder ein Bild. Schweigen Sie und tun Sie möglichst nichts. Wiederholen Sie diese Übung mit anderen Gegenständen, wobei Sie Ihre Konzentrationsdauer schrittweise steigern.

Übung 2
Wenn Sie merken, dass Ihre Gedanken immer wieder abschweifen, nehmen Sie bitte ein großes, leeres Blatt Papier und einen Stift. Stellen Sie eine Zeitschaltuhr auf drei Minuten ein, und schreiben Sie alles auf, was Ihnen gerade durch den Kopf geht und Ihre Konzentration stört.

Übung 3
Nehmen Sie bitte einen Artikel aus einer Zeitung oder Zeitschrift. Markieren Sie innerhalb einer Minute bestimmte Buchstaben, zum Beispiel alle »a« oder alle »e«, mit einem Stift und zählen Sie sie. Steigern Sie allmählich die Zeit und die Anzahl der zu suchenden Buchstaben. Wiederholen Sie die Übung, ohne dass Sie die Buchstaben markieren.

Übung 4
Drehen Sie Ihr Radio oder Ihren Fernseher bitte bewusst leiser und leiser und bemühen Sie sich, dennoch alles zu verstehen.

Übung 5
Für diese Übung brauchen Sie einen Partner. Während Sie versuchen, einen Artikel zu lesen, versucht der andere, Sie bewusst abzulenken. Er darf Krach machen, sprechen, mit störenden Geräuschen oder Gerüchen arbeiten oder Sie andersweitig von Ihrer Arbeit abhalten. Nur das Licht ausmachen oder Sie anfassen darf er nicht. Schreiben Sie nach zwei Minuten auf, was Sie besonders abgelenkt hat und trainieren Sie Ihre Konzentrationsfähigkeit im Hinblick auf diese Störfaktoren.

REGISTRIEREN SIE IHRE FORTSCHRITTE

Notieren Sie bitte zunächst die Schwachstellen Ihrer Konzentration in einem kleinen Heft. Vermerken Sie dann regelmäßig, welche Fortschritte Sie gemacht haben. Markieren Sie besondere Erfolge mit einem bunten Stift und belohnen Sie sich mit etwas Schönem dafür.

Übung 6

Bitte unterstreichen Sie die geraden Zahlen in folgender Reihe:

567	678	334	778	988	775	887	912	556	334
886	993	357	876	987	435	368	480	246	937
975	753	876	357	973	257	875	977	479	368
979	476	246	477	775	339	926	276	837	490
981	367	489	586	375	963	937	286	368	497
597	375	983	275	397	873	916	496	555	386
396	936	397	267	983	936	589	377	498	567
559	778	446	778	498	376	578	445	234	997
763	836	735	746	995	987	356	975	256	777
387	986	478	486	378	129	888	539	716	812
219	531	751	331	543	775	155	713	775	442
337	357	517	773	652	654	755	115	753	755

Übung 7

Bitte streichen Sie in folgender Reihe alle Zahlen mit einer oder mehreren ungeraden Ziffern weg:

864	640	664	765	664	488	602	664	331	660
680	840	662	874	977	448	642	644	115	446
464	660	846	896	642	645	231	446	242	613
224	660	604	646	224	640	608	464	463	978
664	224	543	646	759	884	664	684	683	642
640	240	642	641	534	653	564	666	208	440
886	880	660	886	468	653	444	231	442	640
886	646	886	664	346	432	888	640	642	460
464	868	645	643	886	465	460	666	478	765
746	366	408	866	424	620	964	880	726	627
608	284	442	649	648	223	860	754	246	426
884	441	386	568	847	848	242	468	672	824

Übung 8

Bitte verbinden Sie die Zahlen von 1 bis 39 mit einer Linie. Tipp:
Um die Übung möglichst schnell erledigen zu können, sollten Sie immer ein paar Zahlen vorausdenken. Beispiel: Während Sie noch die 1 suchen, sollten Sie sich bereits die 2 und die 3 merken, eventuell auch schon die 4 und die 5. Stoppen Sie die Zeit, die Sie für die Aufgabe brauchen. Wenn Sie eine Klarsichtfolie über die Seite legen, können Sie die Übung mehrmals wiederholen.

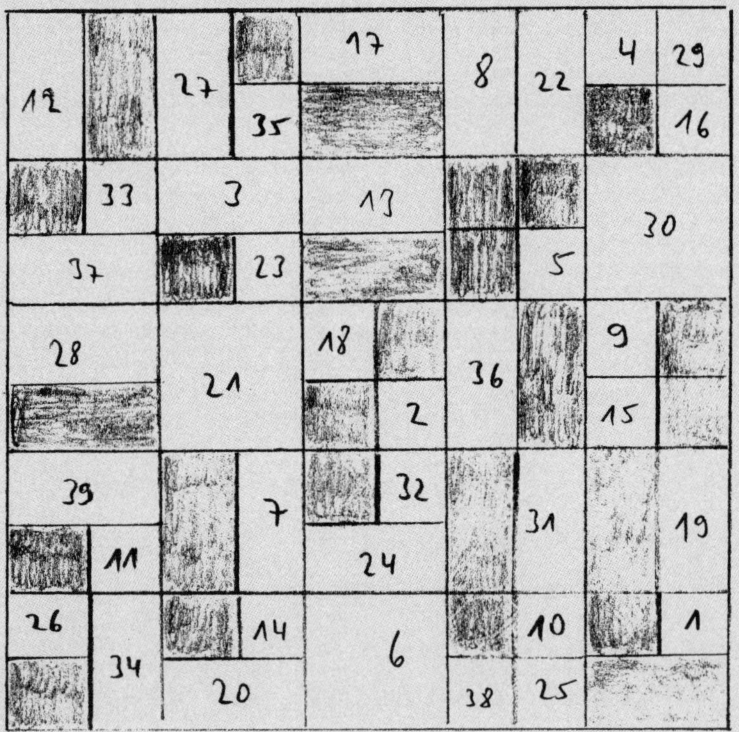

Übung 9

Notieren Sie bitte, welche Zahl zu welchem Buchstaben gehört.
Wiederholen Sie diese Übung mehrmals.

Übung 10

Bitte unterstreichen Sie in folgender Reihe die Zahlen, die nur aus geraden Ziffern bestehen:

3167	6789	5789	6844	1197	5137	8900	1977	4688	1065
4678	6543	1098	6644	9978	1954	6654	9987	9976	4467
4578	6644	9878	6240	6536	1654	4860	1098	3465	7689
4467	9876	1087	3546	4840	1987	3465	3454	5089	1345
4576	8976	6534	3465	6642	9560	1304	4468	4659	7654
9102	3425	5436	6032	5402	3647	6543	4676	4086	6543
4675	8978	8806	4676	9807	4567	6547	3457	8978	4676
4536	9783	4117	9878	4563	6543	4761	3342	4657	4534
4678	6002	9879	4675	1097	4488	5402	7531	9257	4407
1123	4534	7685	9032	5431	6542	4086	7623	9031	5423
4775	9786	1098	3465	7685	9785	5748	3584	4693	5341
4487	9685	1706	6684	6958	7362	6620	7462	4674	4967

Übung 11

Unterstreichen Sie die Wörter, die zweimal vorkommen:

Drucker	Buch	Betrieb	Computer
Text	Qualitätsgrafik	Material	Papier
Druckkopf	Strichzeichnung	Rand	Transparentfolie
Umschlag	Etikett	Papiermagazin	Ausdruck
Buch	Schreibtischdrucker	Funktion	Druckerwechsel
Strichzeichnung	Druckauftrag	Farbe	Monitor
Druckersoftware	Ausdruck	Seite	Qualitätsgrafik
Blatt	Mindestaufwand	Tinte	Etikett
Zeit	Gestaltung	Dokument	Zeichensatz
Größe	Energiesparfunktion	Druckerfunktion	Auswirkung
Änderung	Rand	Schreibtisch	Weg
Kapitel	Abschnitt	Überwachung	Hintergrunddruck

Lesetest zwei

Nun können Sie anwenden, was Sie in diesem und im letzten Kapitel gelernt haben. Lesen Sie mit erweitertem Blickfeld, vermeiden Sie Vokalisieren, Regressionen sowie Zurückspringen und versuchen Sie sich voll und ganz auf den folgenden Text zu konzentrieren. Setzen Sie sich das Ziel, mindestens ein Wort pro Minute schneller zu lesen als in Lesetest eins. Legen Sie Ihre Uhr zurecht und starten Sie jetzt.

Lotto-Jackpot geknackt

»Der Rekord-Jackpot geht nach Baden-Württemberg: Eine Familie aus Ulm und ein Lottospieler aus Schwäbisch Hall teilen sich die knapp 29 Millionen Mark.« Dies teilte ein Sprecher der Staatlichen Toto-Lotto GmbH in Stuttgart mit.
Mit einem normalen Spielschein und einem Einsatz von 15 Mark wurde eine Familie aus Ulm um mehr als 14 Millionen Mark reicher. Der zweite Glückspilz, der am Samstag die sechs Richtigen traf, kommt aus Schwäbisch Hall und spielte für 18 Mark. Während die Ulmer Familie noch am Montag persönlich zur Lottogesellschaft nach Stuttgart fuhr, hat sich der zweite neue Lotto-Millionär noch nicht bei der Toto-Lotto GmbH gemeldet. »Vielleicht ist der oder die Gewinner in Urlaub gefahren, vielleicht wurde der Volltreffer noch gar nicht bemerkt«, erklärte Lotto-Sprecher Klaus Sattler. Die Ulmer Familie will jetzt im kleinen Kreis beraten, was sie mit dem Geld machen wird, heißt es von Seiten der Lotterie. Darüber, dass sie den Gewinn teilen müsse, sei sie überhaupt nicht traurig gewesen, sagte Sattler. Die Initiative zum Lottospielen sei seit 40 Jahren von der Mutter ausgegangen. Seit zehn Jahren tippe sie regelmäßig gemeinsam mit ihrem Mann, ihrem Sohn und der Schwiegertochter.
Für die sechs Richtigen plus Superzahl bekommen die vier nun exakt die Hälfte von 28 613 426 Mark und 30 Pfennig. Die Chance auf einen solchen Treffer liege bei etwa eins zu 140 Millionen, erklärte der Sprecher.
Der geknackte Jackpot hatte sich in vier Wochen über acht Ziehungen hinweg aufgebaut und ist der größte seit Einführung des »rollierenden Jackpots« im Dezember des vergangenen Jahres. Seitdem wandert der Jackpot auch zwischen Samstag- und Mittwochziehungen weiter.
Der Hauptgewinn war außerdem der höchste Betrag seit dem 8. August vor drei Jahren, als rund 35,8 Millionen Mark zusammengekommen waren. In der zweiten Gewinnklasse teilen sich dieses Mal vier Spieler aus Nordrhein-

Westfalen und ein Tipper aus Bayern rund 8,3 Millionen Mark.

Marathon-Operation

In einer komplizierten Marathon-Operation ist einem Ärzteteam in Singapur die Trennung Siamesischer Zwillinge gelungen. Nach mehr als 80 Stunden waren die am Kopf zusammengewachsenen Mädchen Ganga und Jamuna voneinander befreit. Die Experten geben den Mädchen eine 80-prozentige Überlebenschance.

Das Zwillingspärchen aus Nepal war seit Beginn der Operation ununterbrochen in Narkose, während 20 Spezialisten in Schichten versuchten, ihre Köpfe zu trennen. Der Eingriff war besonders gefährlich, weil Ganga und Jamuna Shrestha sich einen Schädelraum teilten und ihre Gehirne in einigen Teilen zusammengewachsen waren.

Bürger des Stadtstaates spendeten etwa 650 000 Singapur-Dollar, rund 780 000 Mark, für die Operation, die Nachsorge und die künftige Versorgung mit Medikamenten. Die Ärzte des General Hospital verzichteten auf ihr Honorar.

Das Mediziner-Team hatte sich umfassend auf die Operation vorbereitet. So informierten sich die Ärzte bei Spezialisten in Brisbane über mögliche Risiken. Dort hatte ein Operationsteam im Oktober 2000 an den Köpfen zusammengewachsene Siamesische Zwillinge getrennt. Außerdem telefonierten die Chirurgen mit dem Mediziner Benjamin Carson, der 1997 in Südafrika eine ähnliche Operation durchgeführt hatte.

Haarige Sachen

Das längste Haar der Welt trägt Diane Witt aus Massachusetts. Es ist 3,86 Meter lang, und wer es kämmen will, braucht eine Leiter. Der Schnurbart des Inders Kalyan Ramji Sain hat eine Spannweite von 3,27 Meter, und für eine Locke Lord Nelsons wurden 1988 über 9000 Mark gezahlt. Alles rund ums Haar wird in einer Ausstellung des Phyletischen Museums Jena präsentiert.

Bereits am Eingang kann der Besucher anhand des stark vergrößerten Modells eines einzelnen Haares eine Reise in dessen Innenwelt unternehmen – bis ins Zentrum der so genannten Haarzwiebel, von der das Wachstum ausgeht. An acht Erlebnisstationen will die Ausstellung das Basiswissen rund ums Haar vertiefen. Dabei wurden auch neueste Forschungsmethoden unter anderem zur Pflege mit einbezogen.

In einem anderen Raum wird die Wandlung der Haartracht vom Jungpa-

läolithikum bis heute demonstriert. So zeigt die Venus von Willendorf, ein über 25 000 Jahre altes Fruchtbarkeitssymbol aus Österreich, bereits individuell gestaltetes Haar.
Anhand von Beethovens Haar konnten Wissenschaftler noch 173 Jahre nach dem Tod des großen Komponisten erkennen, woran er mit 56 Jahren gestorben war. Der Besucher erfährt, dass der Kopf des Meisters am 26. März 1827 in einer Wiener Leichenhalle von seinen Anhängern fast kahl geschoren wurde. 1994 ersteigerte die amerikanische Beethoven-Gesellschaft bei Sotheby's in London ein 15 Zentimeter langes Bündel mit 422 Haaren. Wissenschaftler der Universität Chicago stellten durch eine Analyse fest, dass der Körper des Musikers eine hundertfach größere Menge an Blei enthielt als der heutiger Menschen. Der Meister soll in Kurorten oft ungefiltertes Quellwasser und das bleihaltige Wiener Wasser aus Bleitassen getrunken haben, hieß es. Auch der Verlust seines Gehirns ist damit erklärbar.

Keine Nullrunde

Immer mehr Experten sagen ein Abflauen der Konjunktur voraus. Die Forderung der Wirtschaft nach moderaten Tarifabschlüssen wurde unterdessen von der IG Metall strikt zurückgewiesen.
In Deutschland mehren sich die Stimmen, die vor einem Abflauen der Konjunktur warnen. Nachdem bereits führende Wirtschaftsforschungsinstitute sowie eine Reihe von Banken und Verbänden ihre Wachstumsprognosen bis auf zwei Prozent revidiert hatten, rechnet auch der Chefökonom der HypoVereinsbank, Martin Hüftner, mit einem Wirtschaftswachstum von maximal zwei Prozent in diesem Jahr.
Auch der Chef des Münchner ifo-Instituts für Wirtschaftsforschung, Hans-Werner Sinn, hält es für möglich, dass sich das Wirtschaftswachstum in Deutschland weiter verlangsamt. Dagegen hält die Regierung an ihrer Prognose von 2,6 bis 2,7 Prozent Wachstum fest, wie Bundeskanzler Gerhard Schröder (SPD) in einem Fernsehinterview bekräftigte.
Angesichts der abflauenden Konjunktur hat DIHT-Präsident Ludwig Georg Braun Nullrunden bei Löhnen und Gehältern gefordert. »Im Interesse des Wettbewerbs und der Arbeitslosen wäre es auf absehbare Zeit richtig, die Lohnkosten beim derzeitigen Stand einzufrieren«, sagte Braun der »Badischen Zeitung«. Beschäftigung sei nur durch höheres Wirtschaftswachstum erreichbar.
Die IG Metall wies die Forderung umgehend zurück. »Das ist ein illusionärer Wunschtraum, den wir den Arbeitgebern nicht erfüllen werden«, sagte IG-Metall-Sprecher Claus Eilrich in Frankfurt. In der Tarifrunde 2002 strebe die Gewerkschaft »kräftige Lohn- und Gehaltserhöhungen« an. Die Unternehmen machten glänzende Ge-

schäfte, die Lohnstückkosten seien kontinuierlich gesunken. Dennoch gehe der Abbau der Arbeitslosigkeit nur im Schneckentempo voran.
Bundeskanzler Schröder sprach sich indirekt für moderate Abschlüsse bei den kommenden Tarifrunden aus. Es müsse »alles getan werden, um die Kräfte des Wirtschaftswachstums zu stärken«, sagte er. Jeder müsse seinen Beitrag leisten, damit die Arbeitslosigkeit weiter sinken können.
Die Bundesbürger zeigen sich allerdings gelassen. Trotz der Konjunkturschwäche rechnen zwei Drittel der Deutschen (66 Prozent) nicht damit, dass sich ihre persönliche wirtschaftliche Lage in den kommenden zwölf Monaten ändern wird. Das ermittelte das Meinungsforschungsinstitut dimap in einer repräsentativen Umfrage für einen Rundfunksender und eine Zeitung unter 1100 Bürgern. 17 Prozent sind sogar der Ansicht, dass sich die private wirtschaftliche Lage verbessern wird. Nur 15 Prozent meinen, dass das Geld in der Haushaltskasse knapper wird.

Versaces Erbe

Bietergefechte bei der Nachlass-Versteigerung von Gianni Versace: Die Möbel, Kunstwerke und Designerkostüme aus der Villa des 1997 erschossenen Modezaren in Miami Beach brachten bei einer dreitägigen Auktion umgerechnet mehr als 22 Millionen Mark ein.
Experten hatten zuvor einen Gesamterlös von 15 Millionen Mark geschätzt. Zu den Überraschungen gehörte der Verkauf des neoklassizistischen Ölgemäldes »Le Retour d'Hélène« des Malers Antoine Dubost. Es kam für 520 000 Mark unter den Hammer, das Doppelte des erwarteten Preises. Rund 250 000 Mark des Gesamterlöses werden wohltätigen Einrichtungen gespendet.

LESETEST: AUSWERTUNG

Sie haben jetzt den Text gelesen, der 1158 Wörter umfasst. Bitte schreiben Sie hier Ihre Lesezeit nieder:

.... Sekunden.

Ihre Lesegeschwindigkeit, gemessen in Wörtern pro Minute (WpM) halten Sie bitte hier fest:

$$\frac{\text{1158 Wörter x 60}}{\text{......... Sekunden}} = \text{............ WpM}$$

LESETEST: FRAGEN

Jetzt geht es darum, wie viel des Gelesenen Sie verstanden haben. Beantworten Sie dazu bitte folgende Fragen, ohne nochmaliges Nachblättern im Text:

1. Welche Summe teilen sich die beiden Gewinner des Lotto-Jackpots?
   a) knapp 26 Millionen Mark
   b) knapp 27 Millionen Mark
   c) knapp 28 Millionen Mark
   d) knapp 29 Millionen Mark

2. Neben einer Familie aus Ulm gewann ein bislang noch Unbekannter. Aus welcher Stadt kommt dieser Glückspilz?
   a) Schwabendorf
   b) Schwabhausen
   c) Schwäbisch Gmünd
   d) Schwäbisch Hall

3. Über welchen Zeitraum hatte sich der Jackpot aufgebaut?
   a) vier Wochen
   b) sechs Wochen
   c) acht Wochen
   d) zehn Wochen

4. Wie lange dauerte die Operation zur Trennung der Siamesischen Zwillinge?
   a) mehr als 60 Stunden
   b) mehr als 70 Stunden
   c) mehr als 80 Stunden
   d) mehr als 90 Stunden

5. In welcher australischen Stadt hatte ein Ärzteteam bereits ein Jahr zuvor Siamesische Zwillinge getrennt?
   a) Adelaide
   b) Brisbane
   c) Melbourne
   d) Sydney

6. Welche Spannweite hat der Schnurbart des Inders Kalyan Ramji Sain?
   a) 2,37 Meter
   b) 2,73 Meter

c) 3,27 Meter
d) 3,72 Meter

7. In welcher Stadt wird eine Ausstellung rund ums Haar präsentiert?
   a) Gera
   b) Gotha
   c) Jena
   d) Riga

8. Wie viel Prozent der Deutschen rechneten laut einer Umfrage nicht damit, dass sich ihre wirtschaftliche Lage in den kommenden zwölf Monaten ändern wird?
   a) 65 Prozent
   b) 66 Prozent
   c) 67 Prozent
   d) 68 Prozent

9. Wie viel Prozent dagegen glauben, dass das Geld in der Haushaltskasse knapper wird?
   a) 15 Prozent
   b) 16 Prozent
   c) 17 Prozent
   d) 18 Prozent

10. Welcher Betrag aus dem Erlös der Versace-Versteigerung geht an wohltätige Einrichtungen?
   a) 250 000 Mark
   b) 270 000 Mark
   c) 520 000 Mark
   d) 570 000 Mark

LESETEST: ANTWORTEN

1: d)
2: d)
3: a)
4: c)
5: b)
6: c)
7: c)
8: b)
9: a)
10: a)

Bitte geben Sie sich für jede richtige Antwort zehn Punkte (maximal sind 100 Punkte erreichbar).

100–90 Punkte: ausgezeichnet
80–70 Punkte: gut
60–50 Punkte: begriedigend

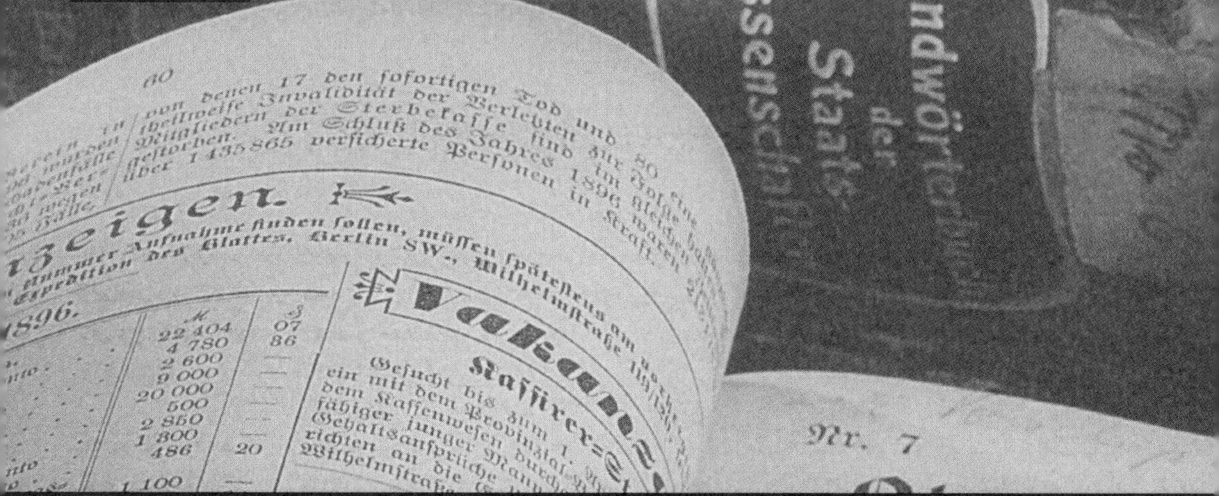

Verlieren Sie bei der Suche nach Information oft Zeit?

Nutzen Sie Ihr komplettes Sehvermögen?

Können Sie rückwärts lesen?

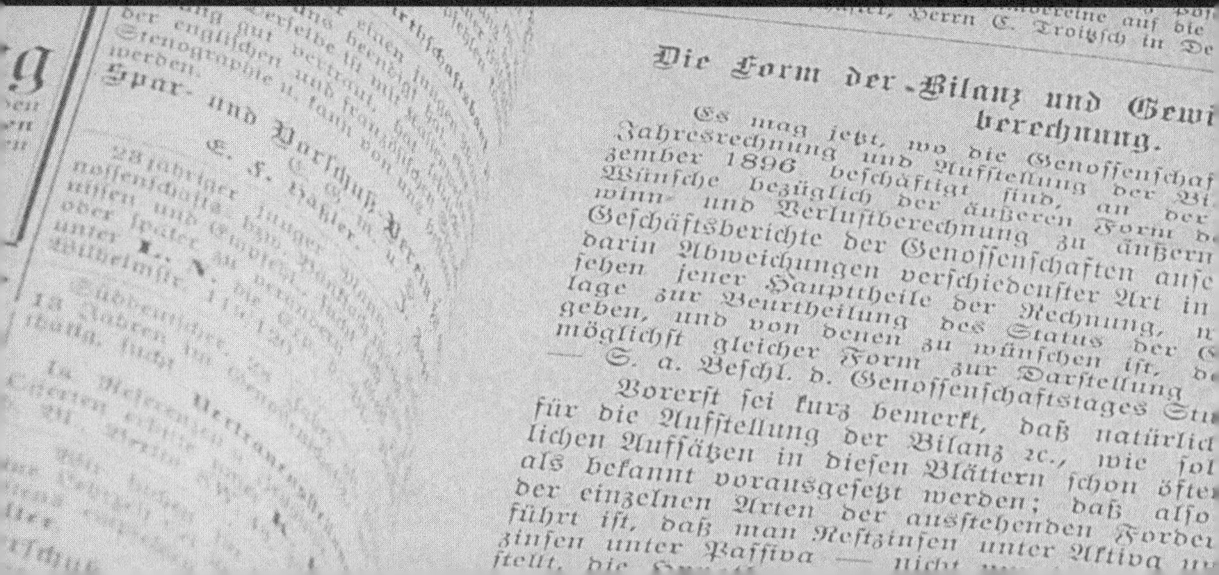

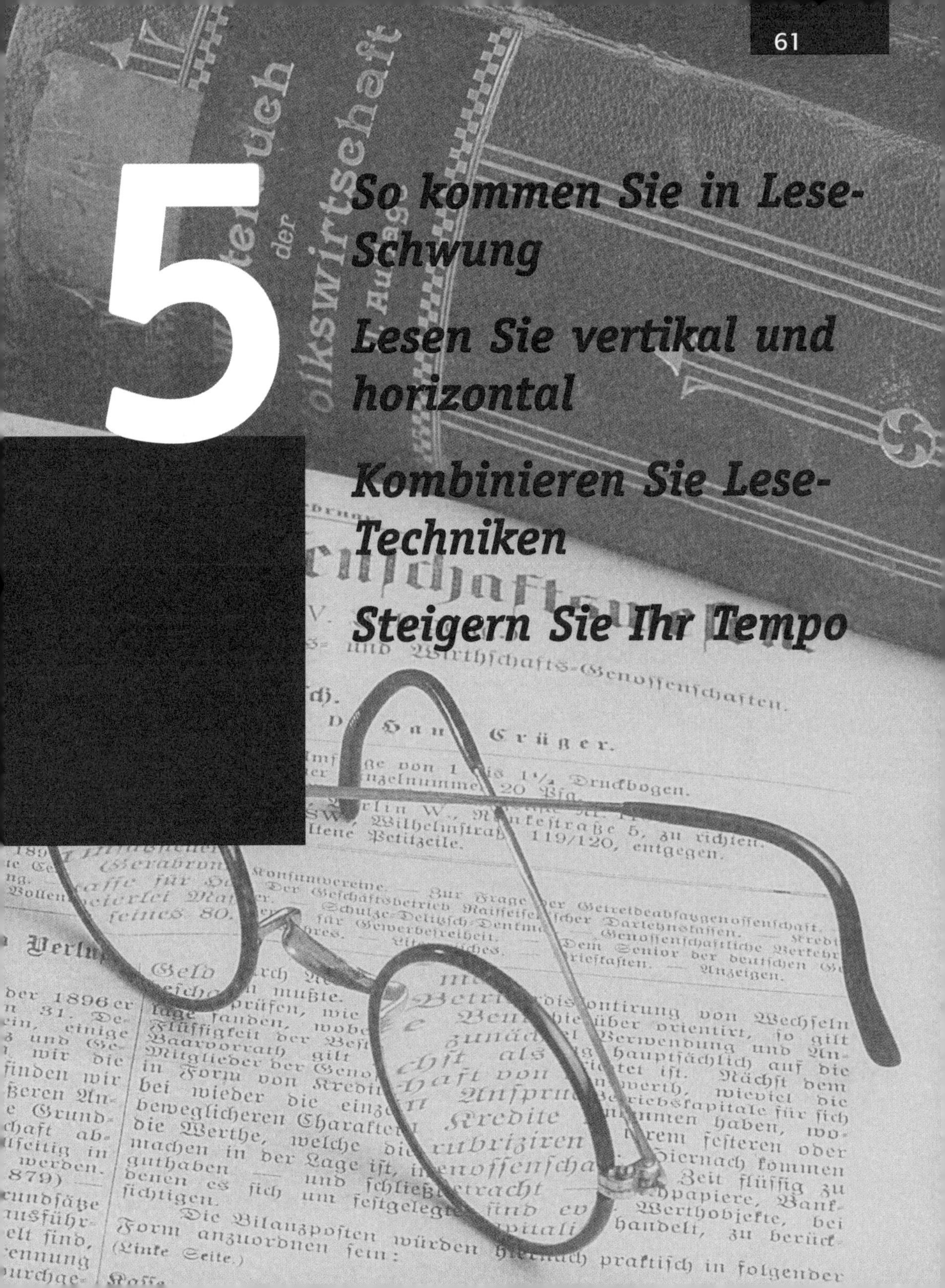

5

So kommen Sie in Lese-Schwung

Lesen Sie vertikal und horizontal

Kombinieren Sie Lese-Techniken

Steigern Sie Ihr Tempo

Technik-Übungen: Lesen Sie mit Schwung!

Verwenden Sie bekannte Texte. Üben Sie jede dieser Techniken mindestens fünf Minuten lang und wechseln Sie ständig das Lesetempo.

Mit den folgenden Techniken nutzen Sie sowohl Ihr vertikales als auch Ihr horizontales Sehvermögen. Versuchen Sie bei allen Übungen an die bisherige Grenze Ihres Lesetempos zu gehen. Wie viel Sie von dem Text verstehen, ist zunächst sekundär. Benutzen Sie als Lesehilfe einen Bleistift, ein Essstäbchen oder eine Stricknadel.

Zwei-Zeilen-Schwung

Versuchen Sie, mit einer Augenbewegung zwei Zeilen auf einmal zu erfassen.

War es vor 250 Jahren einem halbwegs gebildeten Menschen noch möglich, das komplette Wissensspektrum zu überschauen, stellt dies heute selbst für das größte Genie eine Aufgabe wie die Quadratur des Kreises dar. Unlösbar! Deshalb sollten Sie sich auch gar nicht daran versuchen.
Bildung und Ausbildung gehören zwar nach wie vor zu den entscheidenden Voraussetzungen für den beruflichen und privaten Erfolg. Und auch über 550 Jahre nach Johannes von Gutenberg, der mit der Erfindung des Buchdrucks die Voraussetzungen für den allgemeinen Informationszugang schuf, gilt nach wie vor das Sprichwort »Wissen ist Macht«.

Suche nach Antworten auf neue Fragen
Doch noch viel wichtiger als das Anhäufen und Speichern von Wissen sind in der modernen Informationsgesellschaft die Antworten auf andere Fragen geworden:

Variabler Zeilenschwung

Versuchen Sie, den Zwei-Zeilen-Schwung zu steigern. Nehmen Sie mit einer Lesebewegung so viele Zeilen wie möglich auf (fortgeschrittene Leser schaffen zwischen zwei bis acht).

War es vor 250 Jahren einem halbwegs gebildeten Menschen noch möglich, das komplette Wissensspektrum zu überschauen, stellt dies heute selbst für das größte Genie eine Aufgabe wie die Quadratur des Kreises dar. Unlösbar! Deshalb sollten Sie sich auch gar nicht daran versuchen.
Bildung und Ausbildung gehören zwar nach wie vor zu den entscheidenden Voraussetzungen für den beruflichen und privaten Erfolg. Und auch über 550 Jahre nach Johannes von Gutenberg, der mit der Erfindung des Buchdrucks die Voraussetzungen für den allgemeinen Informationszugang schuf, gilt nach wie vor das Sprichwort »Wissen ist Macht«.

Suche nach Antworten auf neue Fragen
Doch noch viel wichtiger als das Anhäufen und Speichern von Wissen sind in der modernen Informationsgesellschaft die Antworten auf andere Fragen geworden:
Wie behalte ich den Überblick bei der Fülle von Information?
Wie wähle ich Information möglichst gezielt und möglichst schnell aus?
Wie unterscheide ich zwischen wichtiger und unwichtiger Information?
Wie stelle ich aus diversen Informationen Verbindungen zwischen völlig unabhängigen Sachgebieten und unterschiedlichen Wissenschaftsbereichen her?

Rückwärtssschwung

Selbst wenn Sie es zunächst vielleicht nicht glauben wollen: Auch bei einem Schwung rückwärts nehmen Ihre Augen Informationen auf, die Ihr Gehirn problemlos in die richtige Reihenfolge bringt. Eine sehr effektive Technik, mit der Sie Ihre Lesegeschwindigkeit auf Anhieb verdoppeln.

War es vor 250 Jahren einem halbwegs gebildeten Menschen noch möglich, das komplette Wissensspektrum zu überschauen, stellt dies heute selbst für das größte Genie eine Aufgabe wie die Quadratur des Kreises dar. Unlösbar! Deshalb sollten Sie sich auch gar nicht daran versuchen.
Bildung und Ausbildung gehören zwar nach wie vor zu den entscheidenden Voraussetzungen für den beruflichen und privaten Erfolg. Und auch über 550 Jahre nach Johannes von Gutenberg, der mit der Erfindung des Buchdrucks die Voraussetzungen für den allgemeinen Informationszugang schuf, gilt nach wie vor das Sprichwort »Wissen ist Macht«.

Suche nach Antworten auf neue Fragen
Doch noch viel wichtiger als das Anhäufen und Speichern von Wissen sind in der modernen Informationsgesellschaft die Antworten auf andere Fragen geworden:
Wie behalte ich den Überblick bei der Fülle von Information?
Wie wähle ich Information möglichst gezielt und möglichst schnell aus?
Wie unterscheide ich zwischen wichtiger und unwichtiger Information?

S-Methode

Mit dieser Methode verbinden Sie den Vorwärts- mit dem Rückwärtsschwung. Dabei können Sie sowohl den zwei- als auch den mehrzeiligen variablen Zeilenschwung anwenden.

War es vor 250 Jahren einem halbwegs gebildeten Menschen noch möglich, das komplette Wissensspektrum zu überschauen, stellt dies heute selbst für das größte Genie eine Aufgabe wie die Quadratur des Kreises dar. Unlösbar! Deshalb sollten Sie sich auch gar nicht daran versuchen.
Bildung und Ausbildung gehören zwar nach wie vor zu den entscheidenden Voraussetzungen für den beruflichen und privaten Erfolg. Und auch über 550 Jahre nach Johannes von Gutenberg, der mit der Erfindung des Buchdrucks die Voraussetzungen für den allgemeinen Informationszugang schuf, gilt nach wie vor das Sprichwort »Wissen ist Macht«.

Suche nach Antworten auf neue Fragen
Doch noch viel wichtiger als das Anhäufen und Speichern von Wissen sind in der modernen Informationsgesellschaft die Antworten auf andere Fragen geworden:
Wie behalte ich den Überblick bei der Fülle von Information?
Wie wähle ich Information möglichst gezielt und möglichst schnell aus?
Wie unterscheide ich zwischen wichtiger und unwichtiger Information?
Wie stelle ich aus diversen Informationen Verbindungen zwischen völlig unabhängigen Sachgebieten und unterschiedlichen Wissenschaftsbereichen her?

Wählen Sie die drei Techniken aus, mit denen Sie am besten zurechtkommen und trainieren Sie diese gezielt.

Zickzack-Methode

Mit dieser Technik nutzen Sie das komplette Feld Ihres peripharen Sehvermögens. Bewegen Sie Ihre Lesehilfe gleichmäßig diagonal abwärts, machen Sie eine kleine Schleife und schwingen Sie rückwärts diagonal weiter.

War es vor 250 Jahren einem halbwegs gebildeten Menschen noch möglich, das komplette Wissensspektrum zu überschauen, stellt dies heute selbst für das größte Genie eine Aufgabe wie die Quadratur des Kreises dar. Unlösbar! Deshalb sollten Sie sich auch gar nicht daran versuchen.
Bildung und Ausbildung gehören zwar nach wie vor zu den entscheidenden Voraussetzungen für den beruflichen und privaten Erfolg. Und auch über 550 Jahre nach Johannes von Gutenberg, der mit der Erfindung des Buchdrucks die Voraussetzungen für den allgemeinen Informationszugang schuf, gilt nach wie vor das Sprichwort »Wissen ist Macht«.

Suche nach Antworten auf neue Fragen

Doch noch viel wichtiger als das Anhäufen und Speichern von Wissen sind in der modernen Informationsgesellschaft die Antworten auf andere Fragen geworden:
Wie behalte ich den Überblick bei der Fülle von Information?
Wie wähle ich Information möglichst gezielt und möglichst schnell aus?
Wie unterscheide ich zwischen wichtiger und unwichtiger Information?
Wie stelle ich aus diversen Informationen Verbindungen zwischen völlig unabhängigen Sachgebieten und unterschiedlichen Wissenschaftsbereichen her?

Vertikale Welle

Diese Technik kombiniert sowohl das Vorwärts- mit dem Rückwärts-Lesen als auch das horizontale mit dem vertikal peripharen Sehvermögen. Bewegen Sie Ihre Augen in rhythmischen Wellen die Seite hinunter.

War es vor 250 Jahren einem halbwegs gebildeten Menschen noch möglich, das komplette Wissensspektrum zu überschauen, stellt dies heute selbst für das größte Genie eine Aufgabe wie die Quadratur des Kreises dar. Unlösbar! Deshalb sollten Sie sich auch gar nicht daran versuchen.
Bildung und Ausbildung gehören zwar nach wie vor zu den entscheidenden Voraussetzungen für den beruflichen und privaten Erfolg. Und auch über 550 Jahre nach Johannes von Gutenberg, der mit der Erfindung des Buchdrucks die Voraussetzungen für den allgemeinen Informationszugang schuf, gilt nach wie vor das Sprichwort »Wissen ist Macht«.

Suche nach Antworten auf neue Fragen

Doch noch viel wichtiger als das Anhäufen und Speichern von Wissen sind in der modernen Informationsgesellschaft die Antworten auf andere Fragen geworden:
Wie behalte ich den Überblick bei der Fülle von Information?
Wie wähle ich Information möglichst gezielt und möglichst schnell aus?
Wie unterscheide ich zwischen wichtiger und unwichtiger Information?
Wie stelle ich aus diversen Informationen Verbindungen zwischen völlig unabhängigen Sachgebieten und unterschiedlichen Wissenschaftsbereichen her?

Langsames S

Diese Technik ist eine erweiterte Version der S-, Zickzack- sowie der vertikalen Wellenmethode. Bewegen Sie Ihre Lesehilfe in fünf horizontalen oder leicht vertikalen Bewegungen über die Seite.

War es vor 250 Jahren einem halbwegs gebildeten Menschen noch möglich, das komplette Wissensspektrum zu überschauen, stellt dies heute selbst für das größte Genie eine Aufgabe wie die Quadratur des Kreises dar. Unlösbar! Deshalb sollten Sie sich auch gar nicht daran versuchen.
Bildung und Ausbildung gehören zwar nach wie vor zu den entscheidenden Voraussetzungen für den beruflichen und privaten Erfolg. Und auch über 550 Jahre nach Johannes von Gutenberg, der mit der Erfindung des Buchdrucks die Voraussetzungen für den allgemeinen Informationszugang schuf, gilt nach wie vor das Sprichwort »Wissen ist Macht«.

Suche nach Antworten auf neue Fragen
Doch noch viel wichtiger als das Anhäufen und Speichern von Wissen sind in der modernen Informationsgesellschaft die Antworten auf andere Fragen geworden:
Wie behalte ich den Überblick bei der Fülle von Information?
Wie wähle ich Information möglichst gezielt und möglichst schnell aus?
Wie unterscheide ich zwischen wichtiger und unwichtiger Information?
Wie stelle ich aus diversen Informationen Verbindungen zwischen völlig unabhängigen Sachgebieten und unterschiedlichen Wissenschaftsbereichen her?

Beidseitige Lesehilfe

Parallel zur visuellen Lesehilfe links bewegt sich Ihr Finger am rechten Seitenrand herunter (oder umgekehrt), während Ihre Augen die dazwischenliegende Information aufnehmen.

War es vor 250 Jahren einem halbwegs gebildeten Menschen noch möglich, das komplette Wissensspektrum zu überschauen, stellt dies heute selbst für das größte Genie eine Aufgabe wie die Quadratur des Kreises dar. Unlösbar! Deshalb sollten Sie sich auch gar nicht daran versuchen.
Bildung und Ausbildung gehören zwar nach wie vor zu den entscheidenden Voraussetzungen für den beruflichen und privaten Erfolg. Und auch über 550 Jahre nach Johannes von Gutenberg, der mit der Erfindung des Buchdrucks die Voraussetzungen für den allgemeinen Informationszugang schuf, gilt nach wie vor das Sprichwort »Wissen ist Macht«.

Suche nach Antworten auf neue Fragen
Doch noch viel wichtiger als das Anhäufen und Speichern von Wissen sind in der modernen Informationsgesellschaft die Antworten auf andere Fragen geworden:
Wie behalte ich den Überblick bei der Fülle von Information?
Wie wähle ich Information möglichst gezielt und möglichst schnell aus?
Wie unterscheide ich zwischen wichtiger und unwichtiger Information?
Wie stelle ich aus diversen Informationen Verbindungen zwischen völlig unabhängigen Sachgebieten und unterschiedlichen Wissenschaftsbereichen her?

Mehr aufnehmen, mehr behalten: Texte durchsehen und überfliegen

Die Techniken des Durchsehens und Überfliegens haben neben dem Zeitgewinn einen weiteren großen Vorteil: Texte, die Sie aktiv strukturieren und kategorisieren, bleiben länger in Ihrem Gedächtnis.

Zeitung ist nicht gleich Zeitung, Buch nicht gleich Buch. Deshalb können und und dürfen Sie nicht jeden Text auf dieselbe Weise lesen. In einem Artikel picken Sie sich auf die Schnelle gezielt bestimmte Information heraus, mit dem anderen befassen Sie sich eingehend. Über ein Buch wollen Sie sich nur einen groben Überblick verschaffen, beim anderen steigen Sie ganz tief in die Materie ein.

Doch auch wenn Sie vorhaben, ein Buch Seite für Seite zu studieren, sollten Sie den Text zunächst durchsehen und überfliegen. Denn das Lesen ähnelt einer Reise. Und was macht man, bevor man zu einer Tour an einen unbekannten Ort aufbricht? Richtig, man informiert sich. Zuerst grob (über die Hauptrichtung und das Ziel), später im Detail (Straße, exakte Lage).

So eine Übersicht können Sie sich beim Lesen entweder mit dem Durchsehen oder dem Überfliegen eines Textes machen. Unter Durchsicht versteht man einen einfachen Vorgang, bei dem man eine spezielle Information wie eine Telefonnummer, einen Namen oder die Bevölkerungszahl eines bestimmten Landes sucht. Das Überfliegen dagegen ist ein Prozess, bei dem man sich einen allgemeinen Überblick über das komplette Material und dessen Struktur verschafft. Beide Techniken werden von den meisten Schnell-Lesern eingesetzt und sind ideale Voraussetzungen, um Ihr Gehirn weiterzuentwickeln und um mehr Stoff aufnehmen und behalten zu können.

STRATEGIEN-ÜBERSICHT

1. Wenden Sie Ihr bisheriges Wissen an. Erstellen Sie eine Mind Map (siehe Kapitel 6) zum Thema des Textes, bevor Sie ihn lesen. So können Sie durch das Buch oder den Artikel neue Assoziationen herstellen und die richtigen Fragen stellen.
2. Verschaffen Sie sich über alle Texte, die Sie lesen wollen, zunächst eine kurze Übersicht. Die Betonung liegt auf kurz. Das heißt, 30 Sekunden für einen kleinen Artikel, drei Minuten für einen längeren Text, fünf bis acht Minuten für ein Buch. Niemals länger, sonst beginnen Sie konventionell zu lesen.
3. Treten Sie in Konversation mit dem Autor: Schreiben Sie Fragen oder Bemerkungen an den Buchrand oder auf ein Blatt Papier.
4. Spielen Sie Wahrsager: Versuchen Sie herauszufinden, welche Schritte und Handlungen der Autor im Text als Nächstes geplant hat.

Übersicht des Lesestoffs

Gehen Sie vor dem eigentlichen Lesen etwas in dem Text spazieren und achten Sie auf

- Titel und Untertitel. Unter welchen Gesichtspunkten geht der Autor das Thema an?
- Umschlagseite und Vorwort. Welche Sichtweise besitzt der Autor?
- Inhaltsverzeichnis. Welche thematischen Schwerpunkte werden gesetzt?
- Datum der Veröffentlichung. Ist der Autor auf dem aktuellen Stand oder sind seine Ausführungen längst überholt?
- Quellenverzeichnis. Auf welchen Grundlagen basiert der Text? Berücksichtigt der Autor verschiedene Aspekte des Themas oder geht er einseitig vor?
- Stichwortverzeichnis. Welche Schlüsselwörter enthält der Text?
- Kapitelüberschriften. Wo finden sich interessante Aspekte?
- die ersten und letzten Absätze jedes Textabschnitts. Welche Dinge sind besonders wichtig?
- Kästen, Abbildungen, Schaubilder, Grafiken. In welche Bereiche steigt der Autor besonders intensiv ein?
- Zusammenfassungen, Übersichten oder Verständnisfragen am Ende von Kapiteln. Welche Lernziele werden angestrebt?

Spätestens jetzt werden Sie entscheiden können, ob der Text für Sie persönlich wichtig ist und ob Sie weiterlesen sollen oder nicht.

Absatz-Analyse

Texte sind in der Regel nach ganz bestimmten, immer wiederkehrenden Strukturen aufgebaut. Wenn Sie diese Strukturen kennen, lernen Sie, Texte schneller und besser zu verstehen.

- Erklärende Absätze
  In Zeitungsartikeln meist am Anfang und am Schluss. Dort finden Sie die Zusammenfassung, das Ergebnis oder die Schlussfolgerung des Textes.
- Beschreibende Absätze
  Dienen dem Handlungsaufbau und der Themenerweiterung. Meist weniger wichtig.
- Verbindende Absätze
  Meist als Zusammenfassung oder Ausblick gedacht. Deshalb enthalten sie häufig Schlüsselinformationen zum Text.

Wahrnehmungsübungen

Wahrnehmungsübung 1

Die folgende Übung dient der Entwicklung des vertikalen und horizontalen Sehvermögens. Nehmen Sie ein Stück Papier in Postkartengröße und decken Sie damit den aus zwei Zahlen bestehenden Block ab. Decken Sie anschließend das Papier kurz auf und notieren Sie, was Sie gesehen haben. Überprüfen Sie danach das Ergebnis.

82
29. ....

49
70. ....

39
21. ....

68
47. ....

60
39. ....

75
27. ....

90
77. ....

37
61. ....

45
84. ....

17
59. ....

251
793. ....

308
814. ....

260
593. ....

129
517. ....

478
142. ....

459
820. ....

943
861. ....

812
348. ....

805
398. ....

316
597. ....

Wahrnehmungsübung 2

Bei den folgenden Wahrnehmungsübungen finden Sie in jeder Zeile eine Zahlenreihe, wobei die links stehende Zahl noch einmal in dieser Zeile wiederholt wird. Finden Sie die doppelte Zahl, stoppen Sie Ihre Zeit und tragen Sie diese jeweils am Ende des Blocks ein.

82	39	47	82	75	92	93	77	19	84	22
64	77	88	64	33	68	14	48	12	81	91
73	78	48	70	83	46	82	24	34	94	73
25	58	33	86	68	48	25	44	53	86	52
95	66	33	57	93	95	29	85	67	56	87
36	55	82	80	36	43	22	69	91	76	87
88	46	88	45	82	23	36	66	75	84	87
69	86	55	73	69	26	15	45	82	10	45
76	97	76	55	72	92	99	56	23	84	85
22	69	20	66	22	77	44	27	33	37	28
59	99	59	55	24	77	88	72	66	65	56
43	99	77	53	92	93	74	43	87	67	74

Zeit ....

567	856	567	587	963	189	956	684	368	874	639
562	487	127	801	562	573	690	765	974	894	380
267	267	587	623	843	228	923	984	894	545	686
191	374	334	455	727	191	290	388	442	415	542
476	354	467	476	624	566	632	442	142	876	444
987	277	454	475	227	987	764	431	205	403	205
375	825	626	237	375	834	323	403	205	431	503
484	676	334	856	484	623	354	451	557	657	666
787	556	523	787	565	523	856	557	787	577	346
282	454	282	465	626	838	941	466	655	446	457
310	220	754	310	465	381	311	666	547	325	343
745	179	523	225	745	674	232	235	325	443	224

Zeit ....

8988	8987	8979	8988	5679	4537	2099	5845	6845	7867	8458
3546	5538	7680	7866	3457	3546	3455	5458	6876	6117	5118
4568	4568	8931	6544	8701	5675	3457	6176	2175	8115	6117
6794	4358	6733	6794	8733	9844	2068	2764	4864	8863	2864
2906	2050	2906	5638	8744	8794	2784	7438	9436	6876	3643
3326	3353	6734	7894	3323	3326	5236	7234	4643	3654	3643
6574	9838	6784	8901	7644	1125	6342	3543	4875	5578	6574
7893	2097	7833	8730	1764	2046	4875	3876	4475	7893	6873
6784	7693	9838	7840	7369	6379	9356	6784	2524	2836	3541
2984	2948	9838	8739	2938	8939	2984	2765	2524	5865	3524
3113	2114	1123	3113	2885	2132	2141	6764	5765	6476	7547
3790	9878	9798	7658	7549	3790	8555	8457	8564	2841	5881
8666	9776	6480	9788	8666	8788	6546	2841	2184	2871	2456

Zeit ....

8635	7998	4679	5780	4580	6539	2481	7874	5876	8635	8467
9754	4670	9876	5690	9754	8655	4570	9648	5765	5687	7874
9643	7790	5590	1277	2199	5783	5257	6267	6276	6274	9643
9753	9762	7863	6683	8756	2865	3745	8452	9753	3445	1717
8413	2963	8522	8744	8413	1287	4578	2770	1711	2717	2710
4570	9644	5793	9863	8743	9754	1717	2070	2874	4570	2784
3569	8753	9755	5788	9875	3587	3569	5781	9147	5178	5748
8643	9753	4670	8755	2147	9745	9748	8643	5478	8874	5875
2978	2845	1679	9865	2987	9753	8544	5478	2978	9478	3763
9855	8644	8745	6790	9855	9865	4578	3763	4762	7237	8673
9867	9876	9987	6701	1867	6593	1863	7234	9372	9867	2345
9848	9873	8866	8559	4670	8463	9848	5343	2345	2354	6143
4570	8755	9987	4570	9865	2877	9553	4154	5513	4763	4766

Zeit ....

Tempoübungen

Tempoübung 1

1. Nehmen Sie ein Buch Ihrer Wahl, möglichst leichten Lesestoff.
2. Lesen Sie 60 Sekunden lang um 100 Wörter pro Minute (WpM) schneller als normal.
3. Steigern Sie Ihr Tempo um weitere 100 WpM.
4. Steigern Sie Ihr Tempo noch dreimal um jeweils 100 WpM.
5. Versuchen Sie mit dieser Geschwindigkeit eine Minute lang auf Verständnis zu lesen.

Tempoübung 2

1. Nehmen Sie ein Buch Ihrer Wahl, möglichst leichten Lesestoff.
2. Lesen Sie mit einer visuellen Hilfe im Drei- oder variablen Zeilenschwung.
3. Versuchen Sie fünf Minuten lang mindestens mit einer Geschwindigkeit von 2000 WpM zu lesen und markieren Sie die erreichte Stelle.
4. Lesen Sie bis zur Markierung in vier Minuten.
5. Lesen Sie bis zur Markierung in drei Minuten.
6. Lesen Sie bis zur Markierung in zwei Minuten.
7. Lesen Sie ab der Markierung weitere fünf Minuten mit 2000 WpM.
8. Lesen Sie eine Minute lang mit normalem Verständnis weiter.

Tempoübung 3

1. Nehmen Sie ein Buch Ihrer Wahl, möglichst leichten Lesestoff.
2. Sehen Sie mit einer Lesehilfe eine Minute lang die Seiten durch, wobei Sie sich für eine Seite maximal vier Sekunden vornehmen.
3. Lesen Sie fünf Minuten lang mit einer Mindestgeschwindigkeit von 2000 WpM.
4. Wiederholen Sie diese Übung.
5. Versuchen Sie mit dieser Geschwindigkeit eine Minute lang auf Verständnis zu lesen.

Tempoübung 4

1. Trainieren Sie Ihre Augen, indem Sie die Seiten diagonal von oben links bis unten rechts und dann von oben rechts bis unten links überfliegen.
2. Wiederholen Sie diese Übung jeden Tag und versuchen Sie dabei, immer schneller zu werden.
3. Versuchen Sie 100 Seiten mit einer Geschwindigkeit von zwei Sekunden pro Seite zu überfliegen.
4. Wiederholen Sie diese Übung zweimal pro Tag.
5. Lesen Sie zwei Minuten lang, ohne auf das Verständnis zu achten.
6. Lesen Sie eine Minute lang mit normalem Verständnis.

Lesetest drei

Nun können Sie anwenden, was Sie in diesem Kapitel gelernt haben. Lesen Sie mit so viel Schwung wie möglich. Bevor Sie jedoch mit dem eigentlichen Lesen beginnen, sollten Sie versuchen, jede Seite innerhalb von jeweils zwei Sekunden zu überfliegen.

Rätsel Mount Everest

Das Rätsel um die Erstbesteigung des höchsten Berges der Welt wird möglicherweise doch noch gelöst: Ein US-Forscherteam unter der Leitung von Eric Simonson, der die Leiche des verschollenen britischen Bergsteigers George Mallory 1999 unter dem Gipfel des Mount Everest entdeckt hatte, fand jetzt in rund 8100 Meter Höhe einen Fäustling und eine Socke. Dies teilen die Forscher auf ihrer Internetseite mit.

Jetzt suchen sie vor allem nach einer Kamera mit Filmen, die möglicherweise belegen könnten, dass Mallory und sein Begleiter Andrew Irvine den Gipfel des 8848 Meter hohen Berges bereits 1924 erreichten. Bisher gilt der Neuseeländer Edmund Hillary mit seinem Aufstieg 1953 als erster Eroberer des Mount Everest. Aus den Fundstücken versuchen die Forscher nun zu rekonstruieren, wie weit Mallory und Irvine 1924 tatsächlich gelangten, bevor sie verschollen sind.

Hillary hatte noch vor zwei Jahren gesagt, der Fund von Mallorys Leiche sei aufregend, aber ohne ein Foto vom Gipfel werde die Welt nicht sicher wissen, wer den Berg zuerst erobert hat. Gemeinsam mit Tenzing Norgay vom Volk der Sherpa in Nepal ging er in die Geschichte des Bergsteigens ein. Zwischen 1920 und 1952 sollen sieben Expeditionen zum Everest-Gipfel fehlgeschlagen sein.

Wolkenkratzer wird 70

Vor 70 Jahren gingen im berühmtesten Gebäude New Yorks per Fernbedienung die Lichter an. Präsident Herbert Hoover drückte in der Hauptstadt Washington aufs Knöpfchen – und das Empire State Buildung war offiziell eröffnet. Am 1. Mai 2001 wurde der Jahrestag mit einer Riesenparty gefeiert, mit vielen Rückblicken auf die Einweihung des – ohne Blitzableiter – 381 Meter hohen Wolkenkratzers.

In New York sollte am 1. Mai 1931 ein fünfjähriger Junge den Weg in das seinerzeit höchste Gebäude der Welt frei machen. »Aber ich konnte das Band nicht zertrennen. Es war zu dick«, ärgert sich Arthur Smith, Enkelsohn des Präsidenten der Empire State Gesellschaft, noch heute ein wenig. Schließlich kam Opa Alfred E. Smith zu Hilfe. Der war als ehemaliger Präsidentschaftskandidat und Ex-Gourverneur von New York schon lange eine Berühmtheit. Von 1929 an, mitten in der Depression, war er dann dafür verantwortlich, ein Gebäude zu errichten, das auf jeden Fall höher sein sollte als das Chrysler-Buildung, das etwa zeitgleich gebaut wurde. Denn Hauptinvestor für den Wolkenkratzer war der Gründer des Chrysler-Konkurrenten General Motors, John Jacob Raskob.

Im März 1930 begannen die Bauarbeiten und 14 Monate später wurde das 41 Millionen Dollar teure »achte Weltwunder« eröffnet. Mit 102 Stockwerken lief es dem Chrysler-Buildung dann auch den Rang ab. Allerdings konnten damals zwei Drittel der Fläche nicht vermietet werden. »Für eine Weile war das Empire State ein Witz«, sagt Arthur Smith. Es bekam den Spitznamen »Empty State Building«, und der Großvater Alfred habe alle Hände voll zu tun gehabt, für positive Schlagzeilen zu sorgen und berühmte Besucher wie Queen Elizabeth auf die Aussichtsplattform zu locken.

Auch sein Enkel blieb dem Gebäude ein Leben lang verbunden. In Highschool-Tagen machte er seine Hausaufgaben im Büro des Großvaters in der 34. Etage, und seinen ersten Ferienjob trat er im Empire State Building an: als Kartenabreißer.

Zu den tragischen Begebenheiten in der Geschichte des Gebäudes gehört, dass beim Bau 14 Arbeiter ihr Leben verloren. Mehr als 30 Menschen verübten bislang Selbstmord, indem sie in die Tiefe stürzten.

Für mehr als 150 Filme bot das Empire State Building die Kulisse. Tarzan und King Kong turnten die Fassade entlang, und Hollywood verlegte – wie im Film »Schlaflos in Seattle« – so manch romantische Begegnung in die luftigen Höhen des New Yorker Riesen. Im wirklichen Leben können sich Romantiker am Valentinstag dort trauen lassen. Sie haben dann das ganze Eheleben lang am Hochzeitstag freien Eintritt.

Tunnel-Test des ADAC

Der ADAC hat bei einem Tunneltest jede vierte von insgesamt 16 überprüften Autoröhren als »bedenklich« oder »mangelhaft« eingestuft.

Wie der Automobilclub in München mitteilte, erhielten von den 16 getesteten Tunneln in sieben Ländern lediglich zwei die Bestnote »sehr gut«. Als Hauptmängel monierten die Prüfer, dass die Hälfte der getesteten Tunnel einröhrig war und viele keine Fluchtwege aufwiesen. Vorhandene Fluchtausgänge waren häufig zu weit voneinander entfernt.

Als am sichersten lobten die Experten den Farchant-Tunnel bei Garmisch-Partenkirchen, der Verlierer liegt in Spanien. Fünf der Bauwerke schnitten »gut« oder »sehr gut« ab, sieben erhielten die Note »ausreichend«, drei wurden als »bedenklich« und »mangelhaft« bewertet. Große Probleme hatte der ADAC mit italienischen Tunnelbetreibern. Bei sieben Tunnels verlangten sie eine Testerlaubnis, nur für den neuen Morgex-Tunnel wurde die Genehmigung erteilt.
Testsieger wurde mit 95,7 Prozent der möglichen Punktzahl der im Mai 2000 fertig gestellte deutsche Farchant-Tunnel. Nur knapp dahinter liegt der Tunnel Kaisermühlen in Wien. Der gerade mal vor einem halben Jahr eröffnete 24,5 Kilometer lange Laerdal-Tunnel landete dagegen mit 67,1 Prozent und dem Zusatz »bedenklich« auf dem drittletzten Platz. Mit »mangelhaft« fiel der Tunnel Monrepos im spanischen Saragossa glatt durch. Hier gibt es weder Pannenbuchten noch Standstreifen, keine Sicherheitselektronik und kaum Brandschutzeinrichtungen. Der ADAC forderte für die Sicherheit verbindliche Standards. Noch immer gelten in fast jedem EU-Land unterschiedliche nationale Richtlinien.

Diebe in Dianas Wohnung

Der Skandal um die mysteriösen Diebstähle aus der Wohnung von Diana weitet sich aus. Mehr als 400 Gegenstände verschwanden angeblich in den Wirren nach dem Unfalltod der Prinzessin.
Der Schaden soll sich auf umgerechnet 20 Millionen Mark belaufen. Und Scotland Yard verfolgt bereits eine heiße Spur: Gegen einen der dienstältesten Butler der königlichen Familie wurde jetzt Anklage erhoben.
Harold Brown muss sich wegen Verdachts auf Diebstahl vor Gericht verantworten. Der 48-Jährige arbeitet seit Jahrzehnten für die Royals und galt als absolut zuverlässig. Zuletzt war Brown in Diensten von Prinzessin Margaret.
Zuvor arbeitete der Junggeselle für Diana und teilte sich die Aufgaben mit Paul Burrell, der einer der engsten Vertrauten der Prinzessin war. In ihrem Testament bedachte sie ihren Lieblingsbediensteten sogar mit über 160 000 Mark. Auch Burrell, der von Diana als ihr »unerschütterlicher Fels« gelobt wurde, soll in den Skandal verwickelt sein. Scotland Yard hat ihn vor drei Monaten verhaftet und gegen Kaution auf freien Fuß gesetzt.
Offenbar wurde Dianas Wohnung in Kensington systematisch geplündert. Juwelen, Kleidung, Briefe, Bilder – was von Wert war, verschwand in den Tagen nach dem tödlichen Unfall im August 1997. Ein goldenes Schiffsmodell führte die Polizei auf die Spur. Die Dschunke im Wert von etwa 3,2 Millionen Mark wurde bei einem Londoner Juwelier sichergestellt, der gemeinsam mit einem Schmuckexper-

ten ebenfalls in den Raubzug verwickelt sein soll.

Weniger Verkehrstote

Die Zahl der Verkehrstoten ist auf einen historischen Tiefstand gesunken. Seit Einführung der Statistik im Jahr 1953 war sie im Februar 2001 nach Angaben des Statistischen Bundesamts mit 444 am niedrigsten.
Den bisherigen Tiefststand hatte es den Angaben zufolge im Februar 1999 mit 463 Toten gegeben. 2001 starben in diesem Monat 24 Prozent weniger Menschen bei Verkehrsunfällen als im Vergleichszeitraum des Vorjahres. Dabei sei aber zu beachten, dass der Februar 2001 einen Tag weniger hatte als im Jahr 2000 und dass vor einem Jahr deutlich mehr Menschen bei Straßenverkehrsunfällen getötet (plus 27 Prozent) und verletzt (plus zehn Prozent) worden waren als im Februar 1999, erklärten die Statistiker.
Die Zahl der Verletzten sank im Februar 2001 um 15 Prozent auf 30 300. Insgesamt registrierte die Polizei bundesweit rund 172 000 Verkehrsunfälle, was einem Minus von acht Prozent entspricht. Dabei ging die Zahl der Unfälle mit Verletzten gegenüber dem entsprechenden Vorjahresmonat um 16 Prozent zurück, die der Unfälle mit Blechschaden um sieben Prozent.
Die Zahlen geben nach Ansicht des Auto Clubs Europe (ACE) allerdings keinen Anlass für »euphorische Schlussfolgerungen«: Die für einen Wintermonat ungewöhnlich günstigen Witterungsbedingungen hätten möglicherweise einen größeren Anteil an der rückläufigen Zahl der Verletzten und Getöteten im Straßenverkehr als das Verhalten der Verkehrsteilnehmer. Der ACE forderte in Stuttgart die Bundesregierung auf, in ihrem Programm für mehr Sicherheit im Straßenverkehr eine Halbierung der Zahl tödlicher Unfälle als Ziel aufzunehmen.

LESETEST: AUSWERTUNG

Sie haben jetzt den Text gelesen, der 1276 Wörter umfasst. Bitte schreiben Sie hier Ihre Lesezeit nieder:

.... Sekunden

Ihre Lesegeschwindigkeit, gemessen in Wörtern pro Minute (WpM), halten Sie bitte hier fest:

$$\frac{\text{1276 Wörter x 60}}{\text{......... Sekunden}} = \text{............ WpM}$$

LESETEST: FRAGEN

Jetzt geht es darum, wie viel des gelesenen Textes Sie verstanden haben. Beantworten Sie dazu bitte folgende Fragen, ohne nochmaliges Nachblättern im Text.

1. In welcher Höhe des Mount Everest fand das Forscherteam einen Fäustling und eine Socke?
   a) 8000 Meter
   b) 8100 Meter
   c) 8200 Meter
   d) 8300 Meter

2. Wie viele Expeditionen zum Everest-Gipfel sollen zwischen 1920 und 1952 fehlgeschlagen sein?
   a) sechs
   b) sieben
   c) acht
   d) neun

3. Wer war US-Präsident, als das Empire State Building offiziell eingeweiht wurde?
   a) Calvin Coolidge
   b) Warren G. Harding
   c) Herbert C. Hoover
   d) Franklin D. Roosevelt

4. Mit welchem Ferienjob verdiente sich Arthur Smith, der Enkelsohn des Präsidenten der Empire State Gesellschaft, sein erstes Geld?
   a) Kartenabreißer
   b) Liftboy
   c) Schuhputzer
   d) Zeitungsverkäufer

5. Wie viele Arbeiter verloren beim Bau des Empire State Buildings das Leben?
   a) 13
   b) 14

c) 15
d) 16

6. Wie viele der 16 vom ADAC getesten Tunnels erhielten die Note »ausreichend«?
a) drei
b) fünf
c) sechs
d) sieben

7. In welcher Stadt liegt der spanische Tunnel Monrepos?
a) Barcelona
b) Madrid
c) Saragossa
d) Sevilla

8. Bei welchem Mitglied der königlichen Familie war der des Diebstahls verdächtige Harold Brown zuletzt beschäftigt?
a) Queen Mom
b) Königin Elizabeth
c) Prinzessin Margaret
d) Prinz Charles

9. Was führte die Polizei auf die Spur der Diebe?
a) Bild
b) Juwelen
c) Kleidung
d) Schiffsmodell

10. Wie viele Verkehrsunfälle registrierte die Polizei im Februar 2001 bundesweit?
a) 162 000
b) 172 000
c) 182 000
d) 192 000

LESETEST: ANTWORTEN

1.: b)
2.: b)
3.: c)
4.: a)
5.: b)
6.: d)
7.: c)
8.: c)
9.: d)
10.: b)

Bitte geben Sie sich für jede richtige Antwort zehn Punkte (maximal sind 100 Punkte) erreichbar.

100–90 Punkte: ausgezeichnet
80–70 Punkte: gut
60–50 Punkte: befriedigend

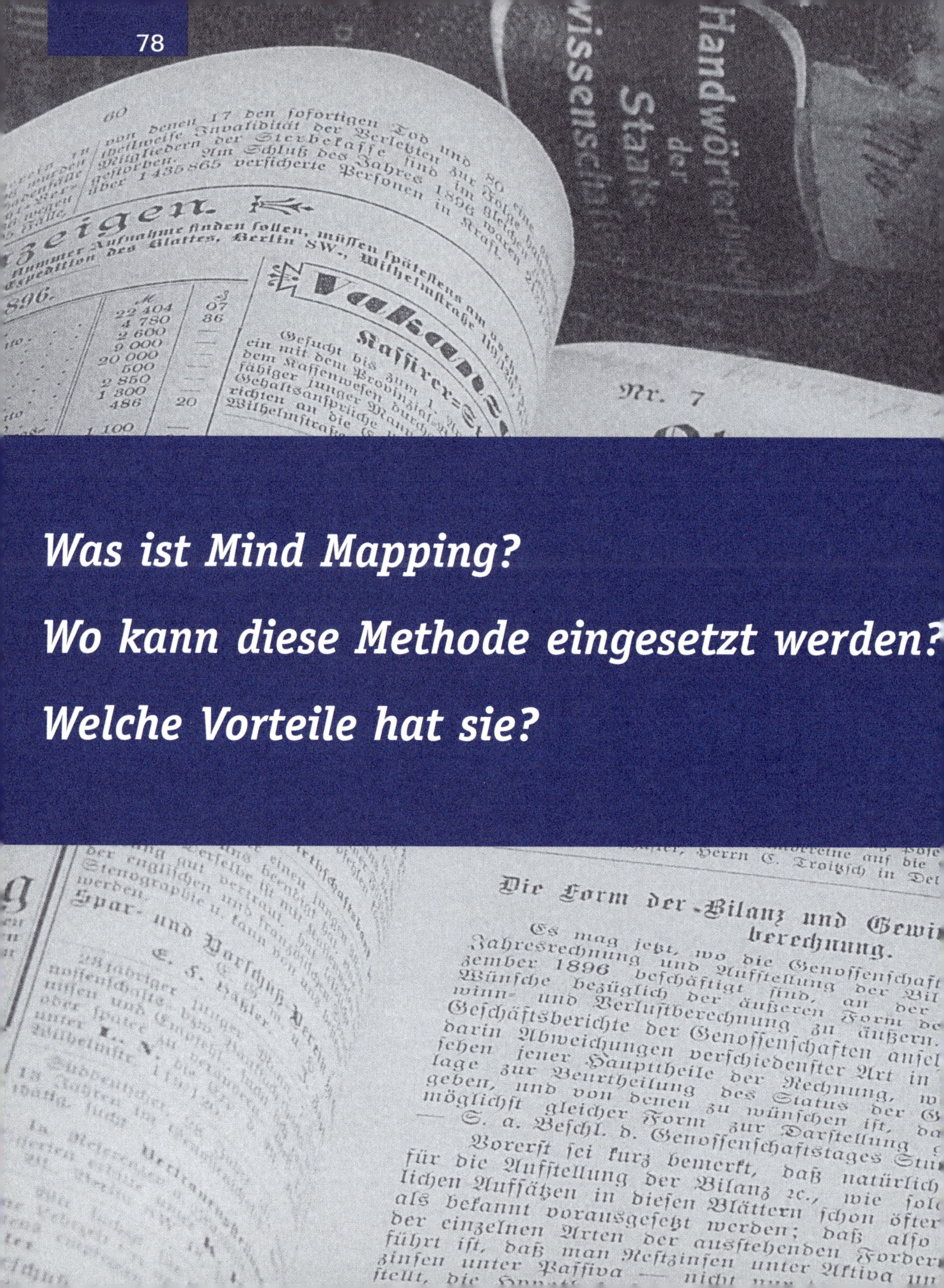

Was ist Mind Mapping?

Wo kann diese Methode eingesetzt werden?

Welche Vorteile hat sie?

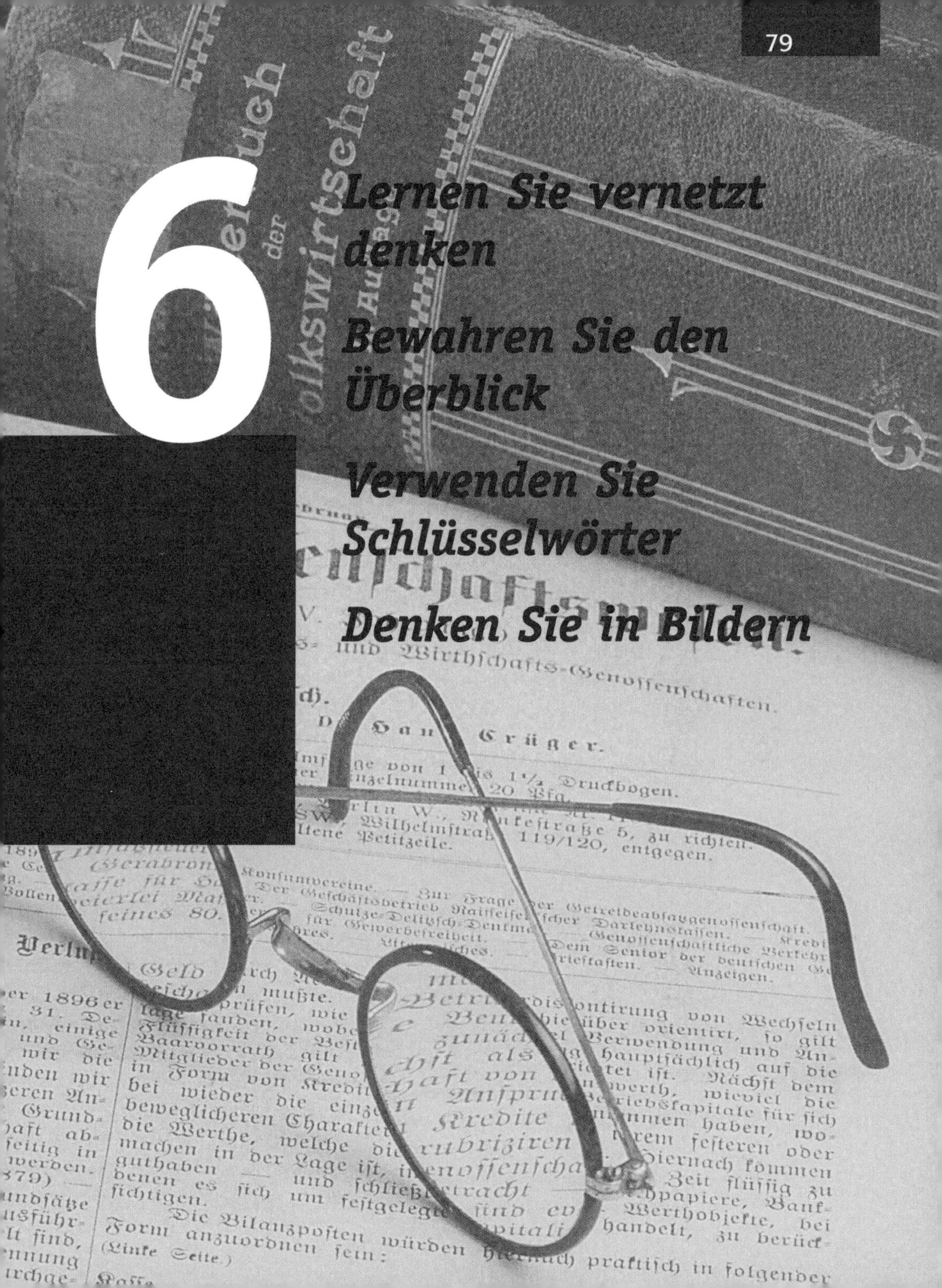

6

Lernen Sie vernetzt denken

Bewahren Sie den Überblick

Verwenden Sie Schlüsselwörter

Denken Sie in Bildern

Mind Mapping: Kreativer lesen, vernetzt denken, besser verstehen

Begriff

Mind Mapping ist eine kreative und ganzheitliche Arbeitstechnik, deren Begriff und Methode in den siebziger Jahren von dem Engländer Tony Buzan geprägt wurde. Der Lese-Papst griff dabei auf die neueren Erkennntnisse der Gehirnforschung zurück: Demnach ist die linke Gehirnhälfte für rationales Denken, Logik, Sprache, Zahlen, Linearität und Analyse zuständig, während der rechte Teil Raumwahrnehmung, Fantasie, Farbe, Rhythmus, Gestalt und Dimensionalität steuert.

Mit Mind Mapping entwickelte Buzan eine grafische Technik, die das gesamte Potenzial Ihres Gehirns freisetzt, weil sie sprachlich-logisches mit intuitiv-bildhaftem Denken verknüpft.

Anwendungsbereiche

Mind Mapping können Sie in sämtlichen Bereichen einsetzen, in denen es Ihnen wichtig erscheint, schriftliche Aufzeichnungen zu besitzen: Lesen und Auswerten von Fachbüchern und Artikeln, Anfertigung von Notizen oder Sitzungsprotokollen, Wiederholung des Lehrstoffs, Vorbereitung und Stoffsammlung von Aufsätzen und Vorträgen, Gruppenmeetings, Entwickeln von Problemlösungsstrategien, Projektplanung, ...

SO ERSTELLEN SIE EINE MIND MAP

1. Verwenden Sie einen Bogen unliniertes Papier, mindestens DIN A-4-Größe.
2. Nutzen Sie das Papier im Querformat. Dies beugt linearem Denken vor, hebt die hierarchische oben-unten-Struktur auf und ist damit Ihr erster Schritt zum Querdenken.
3. Der Mittelpunkt des Blattes ist der Brennpunkt. Malen Sie dort ein einprägsames Bild oder eine kleine Skizze hin, die das zu behandelnde Hauptthema charakterisiert, und kreisen Sie die Zeichnung ein. Falls Ihnen ein Bild nicht sinnvoll erscheint, formulieren Sie ein knappes, schlagwortartiges Schlüsselwort, das Sie im 3D-Format in die Blattmitte setzen. Aber bitte nur in Ausnahmefällen, denn in der Regel sagt ein Bild mehr als tausend Worte.
4. Zeichnen Sie von dem zentralen Bild ausgehend für jeden tiefer gehenden Gedanken oder Unterpunkt einen Ast in Form einer Linie.
5. Schreiben Sie auf diese Linie die tiefer gehenden Gedanken und Un-

terpunkte als Schlüsselwörter. In großen Buchstaben, denn dies erhöht die Lesbarkeit und Einprägsamkeit.
6. Die Schlüsselwörter sollen kurz, prägnant und für Sie persönlich aussagekräftig sein.
7. Von den eingezeichneten Linien können Äste bzw. Linien ausgehen, auf denen Sie die einzelnen Hauptgedanken weiter untergliedern. Wie bei einem Baum wachsen aus den Ästen Zweige, Blätter, ...
8. Benutzen Sie bei der Erstellung unterschiedliche Farben. Dadurch schaffen Sie mehr Übersicht. Zudem können Sie durch Farben zusammengehörende Gedanken und Ideen markieren und deutlich machen.
9. Setzen Sie Zahlen oder Codes ein, um die richtige Reihenfolge aufzuzeigen oder Verbindungen herzustellen. Und verwenden Sie so oft wie möglich Symbole wie Pfeile, Frage- und Ausrufezeichen, um einzelne Bereiche abzugrenzen oder hervorzuheben.
10. Allzu lange Überlegungen, an welcher Stelle Sie die Mind Map ergänzen könnten, stören den Gedankenfluss. Nehmen Sie Umstellungen deshalb lieber in einer Neuzeichnung vor.

VORTEILE EINER MIND MAP

1. Wer ständig damit beschäftigt ist, Details aufzuschreiben, verliert leicht den Gesamüberblick. Ihr Geist wird blockiert und vor lauter Bäumen sehen Sie den Wald nicht.
2. Herkömmliche Notizen nehmen oft (zu) große Umfänge an – und schon wieder stehen Sie vor einem riesigen Berg an Arbeit.
3. Durch die Verästelung fällt die Strukturierung und Hierarchisierung leicht.
4. Die Verwendung von Schlüsselwörtern ermöglicht Ihnen schnelles und effizientes Arbeiten und macht das Ausformulieren langer Sätze überflüssig.
5. Schlüsselwörter regen zu Assoziationen an. Mit Mind Maps erfassen Sie Querbezüge viel schneller und leichter als mit linearen Gliederungen.
6. Durch den Einsatz von Farben können Sie Inhalte bewusst vermitteln. Beispiel: Rot als Signalfarbe verdeutlicht Konflikte.
7. Eine Mand Map wächst organisch und ist stets für Erweiterung offen.
8. Mind Maps können Sie auch in Kombination mit anderen Kreativtechniken einsetzen, zum Beispiel zum Sortieren von Brainstorming-Ergebnissen.

ALLGEMEINER AUFBAU EINER MIND MAP

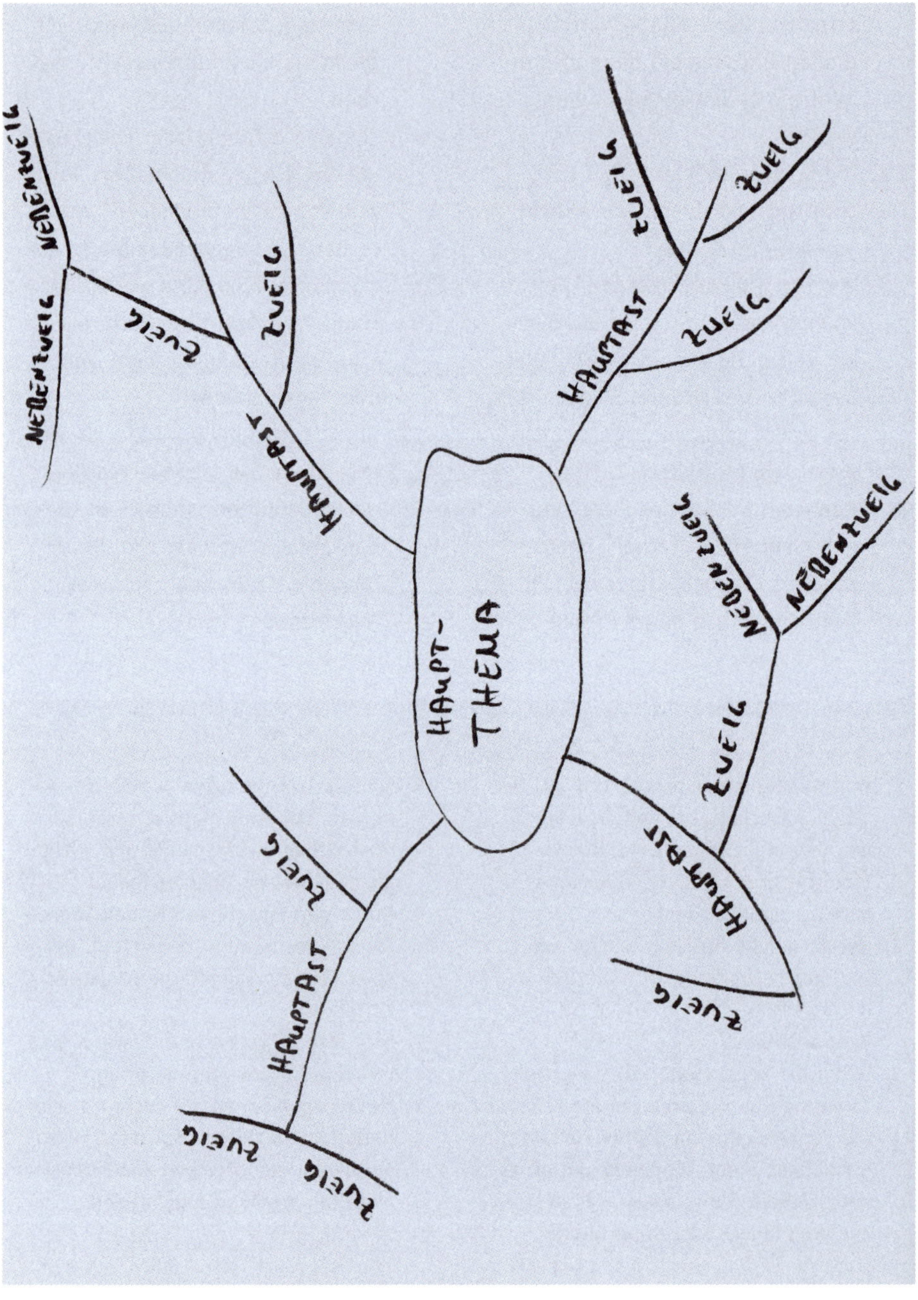

AUFBAU EINER MIND MAP AM BEISPIEL DES THEMAS »AUTO – FLUCH ODER SEGEN?«

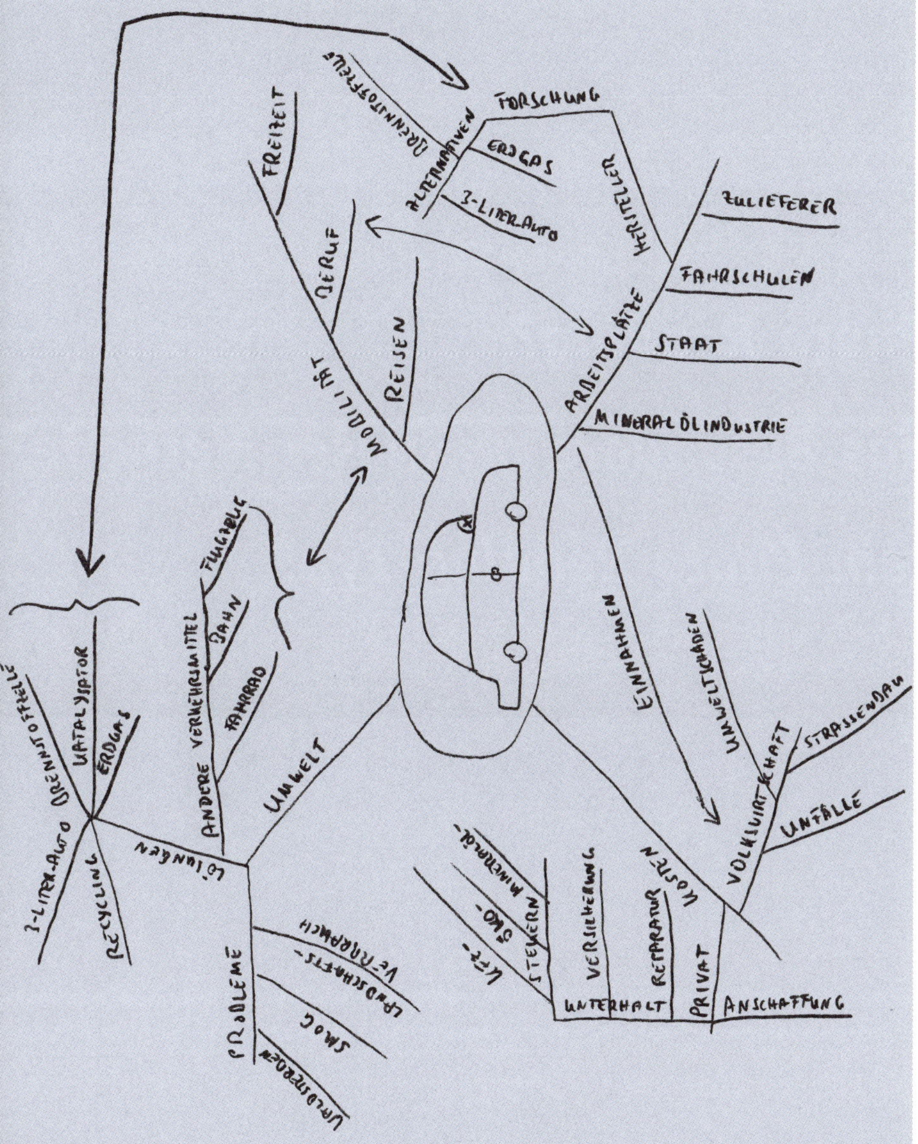

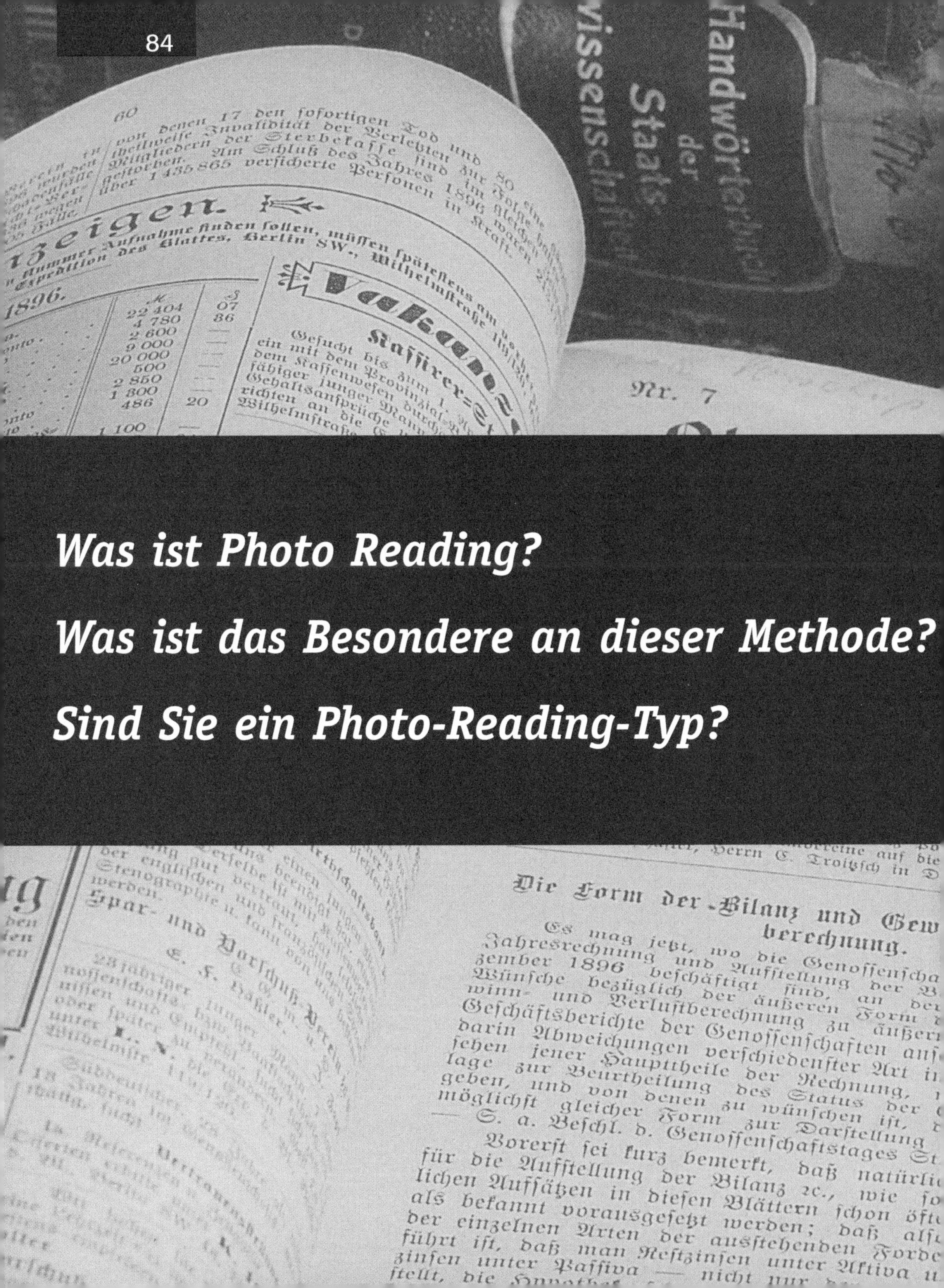

Was ist Photo Reading?

Was ist das Besondere an dieser Methode?

Sind Sie ein Photo-Reading-Typ?

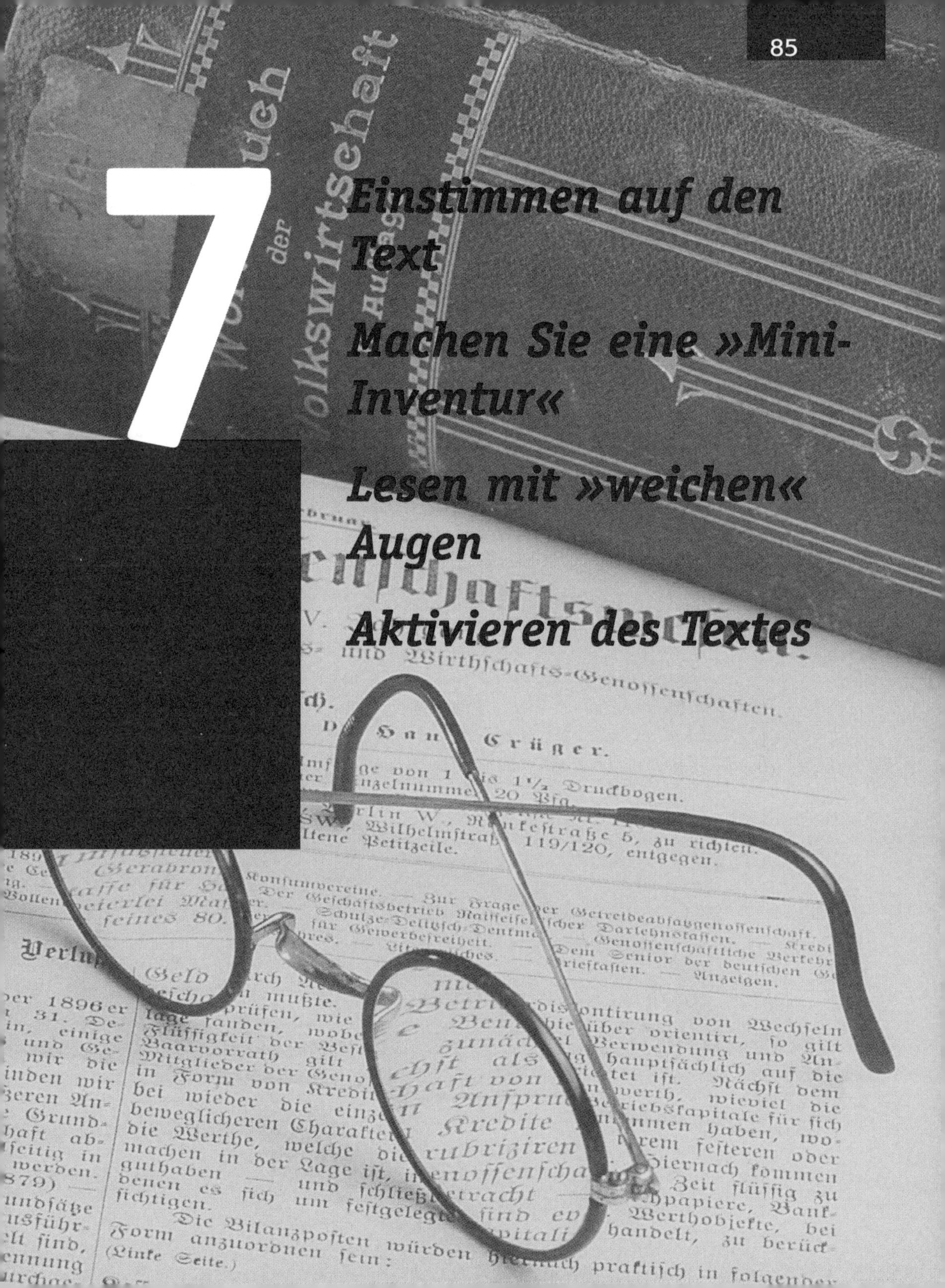

7

Einstimmen auf den Text

Machen Sie eine »Mini-Inventur«

Lesen mit »weichen« Augen

Aktivieren des Textes

Photo Reading: Eine ganz spezielle Schnell-Lesemethode

„Mental Fotografieren« – mit einer Geschwindigkeit von mehr als einer Seite pro Sekunde

Was ist Photo Reading?

Die Photo Reading-Technik heißt eigentlich »Photo Reading Whole Mind System«. Sie erweitert Ihr Repertoire an Lese- und Arbeitstechniken und erhöht Ihre Effektivität sowohl was das Lesen als auch die Verarbeitung des Textes betrifft. Mit dieser ganzheitlichen Methode lernen Sie die Fähigkeit, aus jeder Art von Lesestoff das herauszuziehen, was für Sie wichtig ist, und das in der Ihnen zur Verfügung stehenden Zeit. Das besondere Kennzeichen dieses Systems ist das »mentale Fotografieren« des Textmaterials mit einer Geschwindigkeit von mehr als einer Seite pro Sekunde. Das Maximaltempo beträgt bis zu 25 000 Wörter pro Minute (WpM). Dabei wird der Text durchs Unterbewusstsein aufgenommen und später durch den so genannten Aktivierungs-Schritt ins Bewusstsein transportiert.

WIE ENTSTAND DIE METHODE?

Als Begründer des Photo Reading gilt Paul R. Scheele. In seinem Institut in Wayzata, Minneapolis, beschäftigte sich der US-Amerikaner mit erfolgreichen Lesern und ganzheitlichen Lernmethoden. Aus diesen Untersuchungen heraus entwickelte Scheele 1985 Photo Reading zunächst für IDS/American Express. Inzwischen wird das System in der ganzen Welt gelehrt.

Was unterscheidet Photo Reading vom Schnell-Lesen?

Beim (Schnell-)Lesen sind vor allem Funktionen der linken Gehirnhälfte aktiv, also der analytische und logische Teil, der mit unserem bewussten Verstand verbunden ist. Beim Photo Reading dagegen wird auch die rechte Hälfte genutzt. Dieser kreative und intuitive Teil, der mit unserem inneren Bewusstsein eng gekoppelt ist, kann 20 000 Einheiten gleichzeitig verarbeiten und aktiviert daher auch die 90 Prozent unseres Verstandes, den die meisten Menschen nicht nutzen.

Ein weiterer Unterschied zwischen beiden Methoden besteht darin, dass Informationen beim herkömmlichen Lesen in einem linearen Prozess (wort- oder satzweise) aufgenommen werden. Beim Photo Lesen, dem besonderen Schritt des Photo Reading-Systems, erfolgt hingegen die Informationsaufnahme seitenweise.

Nach welchen Schritten gehe ich vor?

Zunächst machen Sie sich mit der Struktur des Lesematerials vertraut, indem

Sie sich wie beim Speed Reading einen kurzen Überblick verschaffen. Danach erfolgt der Photo-Reading-Schritt, bei dem Sie das Buch oder die Zeitung seitenweise ansehen, wobei Ihre Augen nicht(!) auf den Text fixiert sind. Dadurch geht das Gelesene direkt ins Unterbewusstsein über.
Danach empfiehlt sich eine Pause. In dieser so genannten Inkubationszeit verarbeitet Ihr Unterbewusstsein das Material. Anschließend können Sie mit der Aktivierung beginnen und die wesentlichen Inhalte des Textes ins Bewusstsein holen. Dazu dienen zwei weitere Lesedurchgänge, bei denen der Text auf verschiedene Weise nochmals durchgesehen wird. Zur optimalen Unterstützung des Gehirns empfiehlt Photo-Reading-Begründer Scheele ausdrücklich die Verwendung von Mind Maps, wie Sie sie im letzten Kapitel kennen gelernt haben.

WEISS ICH HINTERHER, WAS ICH GELESEN HABE?

In der Regel ist zunächst kein bewusstes Wissen des Lesestoffs vorhanden, den Sie per Photo Reading aufgenommen haben. Erst nach der Aktivierung werden Sie sich des Inhalts bewusst und bekommen ein Gefühl der Vertrautheit mit dem Text.

Für welche Textarten eignet sich Photo Reading?

Grundsätzlich für jede Art gedruckter Information, jedoch am besten für Fachliteratur. Insbesondere empfehlenswert ist das Verfahren vor Prüfungsphasen und für Menschen, die beruflich Tag für Tag viele Stunden lesen müssen.

Wo liegen die Grenzen der Methode?

Die Photo-Reading-Technik verspricht zwar Erfolg, bedarf aber der Gewöhnung und Übung. Außerdem sollten Sie zuvor überlegen, welche Art von Texten Sie mit dieser Methode verarbeiten wollen, da manche Menschen beim Photo Reading den Lesespaß verlieren.

Bekommen Sie den »weichen Blick«

TEST: SIND SIE EIN PHOTO-READING-TYP?

Im Gegensatz zur Technik des Speed Reading, die Sie in den bisherigen Kapitel kennen gelernt haben, eignet sich Photo Reading nicht für jeden Lerntyp. Am besten machen Sie zunächst folgende Übung, um zu sehen, ob Ihnen diese spezielle Art von Informationsaufnahme liegt.

1. Schlagen Sie ein Buch auf einer beliebigen Seite auf und halten Sie es mit der rechten Hand so weit von den Augen entfernt, dass Sie beide Seiten sehen können.
2. Nehmen Sie den Daumen der linken Hand und halten ihn zwischen Buch und Augen.
3. Konzentrieren Sie Ihren Blick auf den Daumen.
4. Nehmen Sie den Daumen weg und versuchen Sie auch ohne Hilfsmittel, Ihren Blick ganz »weich« zu machen.
5. Wenn Sie jetzt an der eigentlich weißen Stelle zwischen den beiden Seite eine dritte Seite mit Text sehen, sind Sie ein Photo-Reading-Typ.

Um den richtigen Blick fürs Photo Reading zu erlernen, gibt es einen recht einfachen Trick: Stellen Sie sich während des Lesens vor, Sie hätten im Hinterkopf eine Mandarine sitzen. Konzentrieren Sie sich auf den Hinterkopf und die Frucht. Gelingt Ihnen das, spüren Sie, wie Ihre Augen »weich« werden und Ihnen nicht mehr ein klares, sondern ein verschwommenes Bild liefern – eine wichtige Voraussetzung zum Photo Reading.

Bevor Sie anschließend auf diese Weise ein ganzes Buch durchgehen, sollten Sie die erste und letzte Seite jedes Kapitels normal lesen und einige einprägsame Schlüsselwörter notieren.
Beim Photo Reading selbst werden die Seiten dann nur noch kurz angesehen und im Takt von wenigen Sekunden umgeblättert. Ein Buch von 160 bis 180 Seiten nimmt ein geübter Photo Reader beispielsweise in knapp 30 bis 35 Sekunden auf.

Fünf Schritte zum perfekten Photo Reader: 1. Einstimmen

Bevor Sie mit dem eigentlichen Photo Reading beginnen, sollten Sie alle negativen Dingen ausschalten, die Ihrem Erfolg im Wege stehen. Think Pink!
Glauben Sie an Ihr Können, Ihr Unterbewusstsein und Ihre intuitiven Fähigkeiten. Setzen Sie sich nicht unter Leistungs- oder Zeitdruck – und denken Sie immer daran: Nobody is perfect.
Anschließend legen Sie Ihre Ziele fest: Lesen Sie das Buch nur zur Entspannung und zum Vergnügen? Oder wollen Sie damit eine Wissenslücke schließen? Möchten Sie nur einen allgemeinen Überblick über den Text bekommen? Oder brauchen Sie dringend spezifische Details?
Wie viel Zeit können und wollen Sie aufwenden, um Ihr Ziel zu erreichen?

Die ideale Vorbereitung

Um effektiv lesen und möglichst viel des Textes behalten zu können, sollte Ihr Körper entspannt und Ihr Geist wach sein.

1. Legen Sie Ihr Lesematerial vor sich hin und konzentrieren Sie sich auf einen Punkt, Ihren Hinterkopf.
2. Legen Sie eine imaginäre Mandarine dort hin und schließen Sie die Augen. Sitzen Sie dabei aufrecht, bequem und relaxt.
3. Machen Sie sich nun in Gedanken die Absicht bewusst, die Sie mit dem Lesen verbinden. Beispiel: In den nächsten fünf Minuten werde ich diesen Zeitschriftenartikel lesen, um mich über die neuesten Trends im E-Commerce zu informieren.
4. Lächeln Sie und stellen Sie sich vor, wie sich Ihr Sehfeld allmählich weitet.
5. Behalten Sie diesen Zustand bei und öffnen Sie, wenn Sie bereit sind, die Augen und beginnen Sie zu lesen.

TIPP

Wenn die imaginäre Mandarine auf dem Hinterkopf bei Ihnen keine Wirkung zeigt, können Sie sich auch einen Zauberhut oder eine Narrenkappe vorstellen. Wichtig bei diesem Trick ist nur, dass Sie eine deutliche Veränderung Ihres Bewusstseins bemerken. Übrigens: Sie müssen natürlich nicht die ganze Zeit an die Mandarine oder den Hut auf dem Hinterkopf denken. Hat sich Ihre Aufmerksamkeit erst einmal auf einen Punkt konzentriert, so geht der Rest (das Lesen) wie von selbst.

Fünf Schritte zum perfekten Photo Reader: 2. Überblick

Notieren Sie sich Schlüsselwörter: fünf bis zehn pro Artikel, 20 bis 25 pro Buch

Wie finden Sie im Telefonbuch am schnellsten die Nummer von Marion Mustermann?

a) Sie fangen bei »Aab, Anton« an und lesen weiter, bis Sie auf Seite 532 endlich auf den gesuchten Namen stoßen.
b) Sie schlagen das Buch ungefähr in der Mitte auf und blättern gezielt und schnell um, bis Sie den gewünschten Namen finden.

Zugegeben, eine ziemlich dumme Frage. Wer liest schon ein Telefonbuch wie einen normalen Text? Aber insbesondere auch bei einem Sachbuch ist es sehr wichtig, dass Sie sich vor dem Lesen zunächst einen Überblick verschaffen.
Ein Überblick besteht aus der Übersicht des Lesestoffs, der Suche nach Schlüsselwörtern und einem Rückblick.

1. Mit Hilfe der Übersicht lernen Sie rasch die Struktur des Textes kennen, sparen wertvolle Zeit und können entscheiden, welche Passagen für Sie wichtig sind. Welche Teile des Textmaterials Sie dazu untersuchen müssen, haben Sie bereits in Kapitel 5 (Mehr aufnehmen, mehr behalten: Texte durchsehen und überfliegen) gelernt.
2. Nach der Übersicht sollten Sie auf die Suche nach Schlüsselwörtern gehen. Schlüsselwörter sind Begriffe, die häufig im Text vorkommen, meist in Zusammenhang mit zentralen Aussagen. Diese Begriffe helfen Ihnen bei der Formulierung von Fragen und zur späteren Entspannung Ihres Unterbewusstseins.

Schlüsselwörter, auch Triggerwörter genannt, finden Sie sehr leicht, zum Beispiel auf der Umschlagseite, im Vorwort, im Inhaltsverzeichnis, in Überschriften oder im Inhaltsverzeichnis.
Pro Artikel sollten Sie sich etwa fünf bis zehn, pro Buch 20 bis 25 Schlüsselwörter notieren.
Den Rückblick bezeichnet Scheele als »eine Art Mini-Inventur«, die Ihnen die Antwort auf die Frage gibt, ob der Text auch tatsächlich Ihren Erwartungen entspricht. Falls Ihre Antwort »ja« ist, werden Sie sich näher mit dem Material befassen. Lautet sie jedoch »nein«, so wissen Sie nun zumindest, wo Sie im Bedarfsfall detaillierte Informationen finden können.

Fünf Schritte zum perfekten Photo Reader: 3. Photo Lesen

Photo Lesen ist keine anstrengende Lerntechnik, die Ihren Verstand strapaziert. Im Gegenteil. Bei dieser entspannenden Methode können Sie ruhig auf Ihren Geist vertrauen, der die Hauptarbeit macht.
Der Photo-Lese-Prozess beginnt mit der **Vorbereitung**.
Versuchen Sie sich von allen äußeren Einflüssen zu lösen und nehmen Sie eine bequeme, entspannte Haltung ein, um den **Alpha-Zustand** zu erreichen. Durch diese Meditationsübung stellen Sie Kontakt zu Ihrem Unterbewusstsein her und aktivieren die rechte Gehirnhälfte. Atmen Sie anschließend bei geschlossenen Augen tief ein und wieder aus. Wiederholen Sie diese Übung zweimal und formulieren Sie während des langsamen Ausatmens in Gedanken die Formel »Lass los«. Stellen Sie sich eine schöne Blume vor oder einen ruhigen Ort. Ruhen Sie sich dort einige Augenblicke aus, bevor Sie in Gedanken Ihre **Absicht** formulieren. Ihr Ziel sollte klar gefasst und erreichbar sein. Beispiel: »Mithilfe dieser Methode will ich den Text aufnehmen und mich anschließend an möglichst viel erinnern.« Danach gehen Sie in den **PhotoFokus**. Durch dieses »weiche« Sehen speichern Sie die gelesenen Informationen im Unterbewusstsein. Probieren Sie es einfach aus: Schlagen Sie ein Buch auf einer beliebigen Seite auf und schauen Sie auf den Mittelfalz. Erweitern Sie dabei Ihr Blickfeld so, dass Sie alle vier Buchecken sehen können. Stellen Sie sich ein X vor, das die Ecken miteinander verbindet, machen Sie Ihren Blick »weich«, dass die Schrift verschwommen erscheint. Versuchen Sie, diesen **stabilen Zustand** zu erhalten. Tipp: Blättern Sie die Seiten in gleichmäßigem Rhtythmus (etwa eine Seite pro Sekunde) um und wiederholen Sie dabei die Formel »Lass los«.
Nachdem Sie mit dem **Photo Lesen** fertig sind, werden Sie bewusst nur wenig behalten haben. Aber keine Sorge, die Verarbeitung erfolgt unterbewusst. Fordern Sie Ihr Gehirn auf, Sie dabei zu unterstützen. Beispiel: »Ich nehme die Informationen wahr und lasse sie jetzt von meinem Unterbewusstsein verarbeiten.«

Fünf Schritte zum perfekten Photo Reader: 4. Aktivierung

Gezielte Aktivierung hat nichts mit zufälligen Aha-Erlebnissen zu tun

Die Aktivierung im Anschluss an den Photo-Reading-Prozess unterscheidet sich deutlich vom herkömmlichen Erinnerungsvermögen oder zufälligen Aha-Erlebnissen. Während die spontane Aktivierung meist unmittelbar und unerwartet Assoziationen und Erinnerungen an frühere Erfahrungen auslöst, verfolgt die gezielte Aktivierung eine klare Absicht: Sie verwendet den Text als Katalysator, stimuliert das Gehirn und bringt die gewünschte Information ins Bewusstsein zurück.

Bevor Sie mit der Aktivierung anfangen, sollten Sie eine Pause einlegen. Warten Sie mindestens 20 Minuten, Sie können aber durchaus auch einen ganzen Tag vergehen lassen.

Danach können Sie beginnen. Fragen Sie Ihr Unterbewusstsein nach den wichtigsten Punkten des Textes und nach den Passagen, die Ihnen persönlich den meisten Nutzen bringen.

Anschließend beginnen Sie mit dem Überfliegen und Durchsehen, wie Sie es in diesem und in Kapitel 5 gelernt haben. Schauen Sie sich die Struktur des Textes genau an und folgen Sie Ihrem Gespür. Tauchen Sie an Stellen, die Sie für besonders wichtig halten, kurz etwas tiefer in die Materie ein (maximal ein bis zwei Absätze bei Artikeln, ein bis zwei Seiten bei Büchern) und setzen Sie danach das Überfliegen fort.

Diese Methode ist eine Art mentaler Zusammenfassung, die Ihr Langzeitverständnis verbessert.

Legen Sie danach eine Mind Map (siehe Kapitel 6) an: Schreiben Sie das zentrale Thema in die Mitte eines Blatts und notieren Sie auf davon ausgehenden Ästen die tiefer gehenden Gedanken. Verwenden Sie Schlüsselwörter, Farben und visuelle Elemente (Zeichnungen, Bilder, Symbole, ...).

Fünf Schritte zum perfekten Photo Reader: 5. Rapid Lesen

Rapid Lesen und herkömmliches Schnell-Lesen sind auf den ersten Blick zwar ähnliche Methoden, unterscheiden sich aber dennoch wesentlich: Zum einen baut Rapid Lesen auf der Photo-Reading-Methode auf, zum anderen arbeitet diese Technik mit sehr flexiblen Geschwindigkeiten.
Sie werden schneller lesen, wenn

- Sie Textpassagen durch einen der vorangehenden Schritte bereits kennen,
- Ihnen Informationen sehr einfach erscheinen,
- Sie merken, dass die Passage für Ihren Bedarf eher unwichtig ist.

Sie werden langsamer lesen, wenn

- der Text neue Informationen enthält,
- Ihnen die Art der Information sehr komplex erscheint,
- Sie an bestimmten Stellen tiefer in die Materie einsteigen wollen.

Doch egal wie schnell oder langsam Sie lesen, bleiben Sie immer in Bewegung! Halten Sie nicht an, auch wenn Sie einzelne Dinge vielleicht nicht auf den ersten Blick verstehen. Ansonsten werden Sie zu stark abgelenkt und kommen nie beim Schluss an.

Übrigens: Bei der Photo-Reading-Methode ist Rapid Lesen nicht immer zwingend notwendig. Manchmal genügen die vier vorangehenden Schritte, insbesondere bei Fachartikeln. Bei Lehr- und Handbüchern dagegen hilft diese Technik oft, Details aus dem Text zu erfahren.
Auch für Romane ist Rapid Lesen hervorragend geeignet. Bei dieser Art von Lektüre können Sie auf den Aktivierungs-Schritt verzichten.
Bei kurzen Zeitungs- und Zeitschriftenartikel können Sie das Rapid Lesen in der Regel weglassen, meist genügt das Überfliegen und Durchsehen. Generell sollten Sie sich jedoch bei Zeitungen oder Zeitschrift über Ihre Absichten im Klaren sein, bevor Sie mit dem Lesen beginnen. Blättern Sie dazu die Seiten kurz durch und markieren Sie die Artikel, die besonders interessant für Sie sind. Schneiden Sie die Texte aus, die Sie längerfristig gebrauchen können.

Literaturverzeichnis

Buzan, Tony: *Speed Reading.* Schneller lesen – mehr verstehen – besser behalten. mvg, Landsberg 1999

Michelmann, Rotraut/Michelmann Walter U.: *Effizient und schnell lesen.* Das Know-how für Zeit- und Informationsgewinn. Gabler, Wiesbaden 1995

Ott, Ernst: *Optimales Lesen.* Schneller lesen – mehr behalten – ein 25-Tage-Programm. Rowohlt, Reinbek 1972

Scheele, Paul R.: *PhotoReading* – Die neue Hochgeschwindigkeits-Lesemethode in der Praxis. Junfermann, Paderborn 1995

Stichwortverzeichnis